同乐同构，传承绽放

基于传统文化视野的幼儿园环境构建

汤芬 主编

辽宁大学出版社
Liaoning University Press

图书在版编目（CIP）数据

同乐同构，传承绽放：基于传统文化视野的幼儿园
环境构建/汤芬主编．—沈阳：辽宁大学出版社，
2021.11
（名师名校名校长书系）
ISBN 978-7-5698-0504-8

Ⅰ.①同… Ⅱ.①汤… Ⅲ.①幼儿园－环境设计
Ⅳ.①G617

中国版本图书馆 CIP 数据核字（2021）第 162990 号

同乐同构，传承绽放：基于传统文化视野的幼儿园环境构建
TONGLE TONGGOU, CHUANCHENG ZHANFANG: JIYU CHUANTONG WENHUA SHIYE DE YOU'ERYUAN HUANJING GOUJIAN

出 版 者：辽宁大学出版社有限责任公司
　　　　　（地址：沈阳市皇姑区崇山中路 66 号　　邮政编码：110036）
印 刷 者：北京米乐印刷有限公司
发 行 者：辽宁大学出版社有限责任公司
幅面尺寸：170mm×240mm
印 　 张：11.25
字 　 数：180 千字
出版时间：2022 年 4 月第 1 版
印刷时间：2024 年 1 月第 2 次印刷
责任编辑：李珊珊
封面设计：徐澄玥
责任校对：于盈盈

书 　 号：ISBN 978-7-5698-0504-8
定 　 价：45.00 元

联系电话：024-86864613
邮购热线：024-86830665
网 　 址：http://press.lnu.edu.cn
电子邮件：lnupress@vip.163.com

编 委 会

主　编：汤　芬

副主编：冼桂琼　高旭伟

编　委：朱娟梅　石利萍　王春燕　徐红燕　张　娟

　　　　高琳琳　黄　琴　叶　虹　杨完娜　周　娟

　　　　陈文苑　方　向　郑乔匀　林少琼　卢思苑

　　　　张嘉桃

摄　影：罗　琴　于真真

校　对：于真真

目录

同乐同构，传承绽放——基于传统文化视野的幼儿园环境构建

目录

雅·"和乐"文化

——漫谈同乐幼儿园环境中的文化

汤 芬

文化谓何？幼儿园园所文化又谓何？其价值与意义何在？

以上三问，皆为一所品质发展定位高远的幼儿园应深入思考的问题，也应成为园所核心管理者首先要慎思和明确的问题。

一、"和乐"文化之由来

截止到目前，中外诸多学者对于"文化"一词的概念界定，尚无统一定论。在近代，关于文化一词明确的定义，首推英国人类学家E.B.泰勒的观点。他于1871年出版了《原始文化》一书，指出："据人种志学的观点来看，文化或文明是一个复杂的整体，包括知识、信仰、艺术、伦理道德、法律、风俗和作为一个社会成员的人通过学习而获得的任何其他能力和习惯。"英国人类学家B.K.马林诺夫斯基发展了泰勒的文化定义，于20世纪30年代著《文化论》一书，认为"文化是指那一群传统的器物、货品、技术、思想、习惯及价值而言的，这个概念包容着及调节着一切社会科学"。广义的文化是指人类创造的一切物质产品和精神产品的总和；狭义的文化专指语言、文学、艺术及一切意识形态在内的精神产品。文化是人们在相互交往中获得知识、技能、体验、观念、信仰和情操的过程。

幼儿园园所文化是幼儿园的灵魂，其内涵所倡导的价值追求、办园理念、人文氛围、环境创设、专业发展追求等，即表现为幼儿园的精神文化、制度文化、物质文化，并将以全体教职员工、幼儿及家长为载体，进行传承和发扬创新。

　　一所幼儿园的办园文化理念、课程架构、管理追求、幼儿发展目标、家园合作愿景等与园长及领导管理层的顶层设计有莫大的关系。2018年6月末，我服从工作的调动安排，接手同乐幼儿园的开园筹建工作。彼时我首要思考的问题是：同乐幼儿园虽是珠海市2018年十大民生工程之一，是按省一级幼儿园标准开办的珠海市香洲区教育局直属公办性质幼儿园，但它在这些美好的希冀中实际将是一所什么样的幼儿园？幼儿在同乐三年将会有什么样的收获和发展？同乐的教职工将会成长为什么特质的一支团队？同乐的家园协同应该采取什么路径？我2015年任共乐幼儿园教学副园长时，吴春燕园长正式提出了提炼梳理共乐幼儿园"和"文化内涵的主张（吴春燕园长于2010年将"和"文化确定为园所文化核心）。在吴春燕园长的直接领导策划、部署组织下，我带领现已成长为园长的王明、林文葵、张瑞三位才子，对"和"文化内涵进行了深度学习、提炼与梳理。那段时间的学习、整理工作让我对中国的"和"文化有了深刻的认识，也为我定位同乐幼儿园的"和乐"文化奠定了很好的基础。同乐园所文化以中国的"和"文化为基础，同乐"和乐"文化以中华优秀传统文化为基底，它所具有的中国传统文化的基本精神也就是中华民族精神。我们希望通过"和乐"文化在精神氛围、物质环境中的呈现，对师幼产生潜移默化的影响，让同乐幼儿从小具有中国人的精神特质，从幼儿园开始就了解并喜爱自己国家的文化，从而认同自己国家的文化，以此将爱国的种子播撒进小小的心田。

幼儿弹唱《三字经》

爱国文化的传承

二、"和乐"文化之精神内涵与体现

　　一所幼儿园的文化不是梳理出来的文字，不是展现在环境里的图画符号，它最重要的是将确立的文化通过人文精神的塑造、环境的创设、制度的确立、言行礼仪的规范进行渗透和彰显。如果倡导的园所文化没有好好地透过人、物、境进行承载和体现，那文化就仅仅是供人参阅的文字，而不能称其为园所文化。文化与环境相辅相成，环境承载着文化的内涵与意境，人的言行举止则是文化内化于心、外化于行的一个最强有力的表现。

　　同乐之"和乐"文化精神集中于"和"与"乐"二字的内涵挖掘。中国不少的幼儿园都将世代传承的"和"文化确立为自己的园所文化，而每所园的"和"文化内涵和中心词均有不同、各有千秋，但都契合"和合文化"的思想核心。同乐"和乐"文化呈现的是"积极和谐、快乐幸福"，其体现"和"的核心词有"和气致祥""和而不同""合心

雅·「和乐」文化

同德""合境塑人"，体现"乐"的有"乐学""乐玩""乐教""乐境"等。

幼儿在"乐"字上贴照片

家园和乐

"和乐"文化的八个核心词应该怎么来理解和体现？"和气致祥"意指全体同乐人，包括师幼、行政后勤人员、家长以及与我们有密切关联的人相互之间彼此尊重、注重礼仪，共同构建和睦融洽的人际关系。所有的同乐教职工在每天进园门前要展现出积极、朝气、热忱、快乐的状态，这种精神状态将会形成一个特殊的人际交往气场，这个无形的气场则潜移默化影响着园内的每一个人。在第一次新生家长学校的讲座中，我首先给家长讲同乐的园所文化、课程理念。在分享园所文化的过程中我引导家长践行"和气致祥"，例如：遇到幼儿间的矛盾和问题时，要冷静理智、平心静气地商讨解决之法，彼此多多理解，万万不能（特别不能在幼儿面前）相互谩骂、吵架，甚至为了幼儿打架；教职工以己为榜样，为幼儿树立一个包容宽厚、大度大气的形象；家园之间鼓励沟通从心开始，彼此多多理解和支持。"和而不同"彰显的是在管理和实施教育教学的过程中，在师幼共同成长的过程中，尊重幼儿个性，鼓励激发其创新意识、创新精神和创新能力的发展，强调充分发挥教师的优势和长处，并为之提供相匹配的发展平台和成长空间；倡导在各种专业研讨活动如教科研活动中，鼓励教师愿思、敢想、积极表达、主动辩论，从而用脑力激荡与集思广益得出最佳方式来解决教育实践中的问题。"合心同德"则强调班级内、部门间合作协助，重视团队协作的思想境界；"合境塑人"意指创设的环境要和谐，色彩、布局、教育性、美感、承载的文化风格要有整体的和谐感，要营造自然、温馨、雅致，像家一般舒适的环境，达到环境、其中之人、教育的功能浑然一体。"乐学"倡导的不仅指师幼要有学无止境、终身学习的积极意识和行为，还意指我们的学习是主动的，是自我喜欢的，而不是被动强迫的，只有这样的学习状态才能让我们真正拥有终身学习的习惯。"乐玩"则提倡师幼要喜欢玩，要发展多种兴趣爱好和特长，做一个灵魂有趣的人。幼儿有多种广泛的兴趣爱好，在各种学习游戏中能好奇善问、专注投入、积极探索；教职工插花、棋类、书画、歌唱、舞蹈、演讲、运动项目等均能有一两项擅长的。"乐教"指教师要热爱这份工作，要发展其强烈的职业认同感和归属感，要把同乐

不同形式的"乐"

提出的追求做"德能精修的实践专家型教师"发展目标作为毕生的职业追求。"乐境"则表明幼儿园和谐的环境让每个人从容、淡定、开心、快乐、幸福。

青砖墙上的文化印章点缀

三、"和乐"文化之影响与交互作用

幼儿园的文化之于环境就如同香气之于花。文化能使环境散发出一种特有的气质和意蕴。环境中的人与物则浸润了文化的气息，承载着文化的内涵。

同乐幼儿园是一所散发着中华优秀传统文化气息的幼儿园。我园的环境创设和园本课程建构均以中国优秀传统文化为基底，环境中处处充盈着"中国味"。如我园的园本课程"二十四节气活动课程"，利用"体验式学习圈"和"项目教学法"的理论，让幼儿通过《3～6岁儿童学习与发展指南》中"直接感知、实际操作、亲身体验"的学习方式，对中国传统二十四节气活动进行体验、参与、探究、学习。我园具中国特色的典型大型活动，如

"开笔礼""三元迎新庙会"等。我园公共环境和班级环境中处处都弥漫着"中国风"特质。如班级的组名是根据《二十四节气歌》每句话的主要意思分别起名的，小班年级为"春晓"组，中班年级为"夏满"组，大班年级为"秋实"组，各功能室为"冬藏"组。青砖灰瓦的园门文化墙，一分为二又远近呼应的月亮门，用中国吉祥花样装饰雕刻的实木班牌，其形取自中国印章概念的同乐标志，赫然映入眼帘的一排长长的诗画竹简，楼道墙面的幼儿水墨作品，围栏四周和户外场地佳木葱茏、奇花盛放，带有木水车造型的古朴船只。班级一角可供幼儿随意弹奏的古筝，造型大小不一、青白分明的青花瓷，各种秦兵马俑、唐三彩、编钟、刺绣、绣扇、民族娃娃等工艺品小摆件，形状色彩质地不同的茶器，各种精美的博古架，色彩斑斓的京剧泥塑，各种剪纸和书画作品，绣着雍容牡丹花的丝绸座屏，等等。这一件件中国元素器物既承载着中国的历史和风采，又散发着浓郁的传统艺术美，在园所的各个地方均可让幼儿随地可触可赏。在这种中国风的学习环境中，我们可以随时引导幼儿初步了解中国的伟大历史人物，如秦始皇、孔子、黄道婆、屈原、蔡伦、毕昇、李白、毛泽东、周恩来等；了解中国传统手工艺、建筑、服饰、音乐、戏剧、书法、绘画、诗词等；了解科技发展过程中车的演变历史，钱币从贝币到今天数字币的演变史，了解汉字的演变历程等。教师也可以从幼儿感兴趣的器物和事情中生成学习的主题。

二十四节气桌之小满

四时名牌：溯源班名、组名

四、"和乐"文化之环境特点

我们园所文化倡导的环境要富有美感，要精致、整洁、雅趣、有序、温馨。

我始终认为对幼儿的美育，艺术活动功不可没，更重要的是我们要有大美育观，要通过环境的教育功能来实现美育目的。美育首先要让幼儿感知美、欣赏美，让幼儿在获得审美能力的同时学会追求生活的品质。比如说，我们每班都有鲜花，这些鲜花每周由该班一个家庭分享给班级。周日下午这个承担了分享责任的家庭的幼儿和家长一起去花市挑选鲜花，周一早上入园时带来，早餐后幼儿进行插花活动，插好的花装点着班级的环境，给班级带来美感，给环境中的所有人带来愉悦的感受。这个过程给幼儿带来很大的益处，比如挑选的过程中幼儿了解到各种关于鲜花等植物的知识，幼

在插花活动中感受美

儿照顾自己生活环境的责任感增强了，懂得了与人分享是快乐的事情。再比如说，班级物品摆放得整洁有序可以让人舒适，培养幼儿整洁干净、做事有条理的好习惯。我们6S管理模式在班级中的运用也非常有利于引导幼儿形成对环境有序管理的习惯和能力。

精致不光要求物品的精巧细致、精美工巧，还要求不怕麻烦，要有仪式感，将简单的事情细致化。如在桌子上铺上各种桌布，在台面和材料柜上铺上桌旗，桌旗上再摆放各种工艺品。幼儿每天对装点我们美好生活的鲜花和植物予以照顾和整理。再如我们要让幼儿了解茶道、学习茶道，就要请茶艺师对教师进行茶道相关知识和能力的培训，如泡工夫茶则要工具材料齐备、工序完整、茶礼正确。又如我们吃水果时每个幼儿都用精美的水果叉和瓷质水果碟，为的就是让幼儿从小懂得追求生活的品质，这种生活品质本质上不与物质财富的拥有程度成正相关，而是一种对待生活的态度。如果在逆境中都能认真细致地对待生活中的一米一饭、一花一草，这个人定能坚强乐观地度过人生的低迷期。同乐的女教职工还自费购置了旗袍，在一些隆重的节日或举行重要的活动时，一群玲珑有致、举止优雅的保教人员就成了幼儿眼中另一道美丽的风景。在一年一度的"三元迎新庙会"上，全体同乐幼儿、教职员工、家长均着各式汉服，兴高采烈地开展舞台秀、庙会售卖、逛庙会活动。

雅 · 「和乐」文化

品茶知礼，乐享生活

喜气洋洋的三元迎新庙会

制香囊，识药材

　　总之，园所文化涉及的精神文化、物质文化、制度文化与幼儿园的物质环境和精神环境相辅相成，融为一体。幼儿园的文化特色只有通过环境中的人、物、境的呈现方能生根有魂。

雅·「和乐」文化

融·文化和活动

高旭伟

熙熙攘攘人如云，适用百货两边分。

呼儿唤女上街去，农村庙会闹似春。

城乡发展和谐劲，新风处处耳边闻。

亲朋好友一堂聚，明年今日还相寻。

——《赶庙会》

"广义的文化是人类在社会历史发展过程中所创造的物质财富和精神财富的综合。狭义的文化特指意识形态所创造的精神财富。幼儿园的文化起着整合、导向、维持秩序和思想传续的作用。"而文化这种看不见摸不着的东西，可以通过各种不同类型的活动作为载体，将文化通过多种形式表现出来。文化和活动就在相互融合、相辅相成的过程中不断凝实、发展，进而表现出幼儿园的特色。

我园将"和""乐"二字作为文化精髓和课程定位，以"二十四节气活动"为引子，贯穿中华传统文化，以多种形式的活动带动幼儿从直接感知、实际操作和亲身体验中获取传统文化知识，不仅弘扬了优秀的中华传统文化，也让幼儿在活动中习得了做人的道理，还对幼儿、家长和教师加强了爱国主义教育。

著名教育家陶行知老先生提出"生活即教育"。"二十四节气活动"可不是教条式的学习，而是将二十四节气和传统文化融入活动中，让幼儿敢学、乐学。每一位教师对二十四节气文化也有不同的认识，可以通过自己的了解，引导幼儿进行自我探索活动；不同的活动，不同的乐趣，相同的只是幼儿敢于探索、乐于学习的结果。

幼儿以种植知天气，以天气习生活，以生活知习俗，以习俗赏艺术，以艺术练语言，以语言融社会，以社会得礼仪，以礼仪行自主，以自主贯穿全程，形成一个活动循环。而为各类活动所准备的环境，是富有"生命力"的，它可以是"生长变化的植物"，可以是"各具特色的人群"，还可以是"奇思妙想的游戏"……而这种动态的环境文化，让活动更具活力和意义。

一、二十四节气种植活动

"二十四节气活动"最离不开的就是种植活动，植物生长的环境（种植园）、植物的种类、植物的色彩搭配都是使种植活动开展得更具特色且必不可少的环境准备。

（一）种植园

以"梯田"为设计理念搭建而成的种植园，排列有序、高低分明，一层一层向上延伸，象征着植物的不断生长和幼儿的成长。青砖铺成的小路、蔓延滋生的青苔……保留了种植园原生态的环境，更是让幼儿在劳动中锻炼了平衡能力，穿梭其中，乐趣无穷。有计划分层种植的植物，例如低矮的蔬菜、小株的秧苗、搭架的爬藤植物，更是让种植园层次分明，让"梯田"的概念越发明显。

"工欲善其事，必先利其器。"幼儿园要开展种植活动，肯定少不了各类的劳动工具。摆放整齐的铲子、水壶，搭配木质小栅栏，点缀数盆小绿植，相辅相成，更是让幼儿在无形中形成良好的秩序感。由仿瓷瓶和瓷盆搭建而成的洗手台，透出淡淡的传统文化氛围，又为植物园增添了些许独特的味道。

翻土、播种、浇水、施肥、除虫、拔草、收获……幼儿在这小小天地感受种植的全过程。环境成就了幼儿，幼儿的劳动带来了丰收的喜悦。

融·文化和活动

绿意盎然的种植园层次分明

（二）植物的种类

1. 爬藤类植物

幼儿园所有围墙上，生长着各种不同的爬藤类植物。金银花、百香果、龙吐珠等，形成了天然的屏障，为幼儿园增添了若隐若现的美感，让幼儿们忍不住去挖掘、去探究。沿着墙脚肆意攀爬的爬山虎、使君子，象征着积极向上的拼搏精神，它们由一棵小小的嫩苗，随着时间的推移，不断向上生长，笼罩着幼儿园。

沿楼体攀爬的爬山虎、使君子

2. 草类植物

"春风吹又生"是对草类植物生长最好的描述。小山坡、大树下、滑梯旁，无处不在的小草，也是幼儿游戏的乐园。它们不似塑胶跑道的一成不变，不像水泥地板的呆板生硬，夹杂着自由生长的野花的草地和隐藏其中的小虫都为幼儿学习提供了天然的探究场所。幼儿或自由奔跑，或随意打滚，或蹲下来静听虫鸣……小草就是生长的、变化的环境。

青石板和花草交相呼应

3. 中药类植物

艾叶、薄荷、蒲公英等中药类植物，虽然不起眼地生长在幼儿园的角落里，却凭借它们那独特的植物特性得到了幼儿的青睐。端午节挂在门口的艾香，随风飘散的蒲公英种子，都是幼儿学习的宝藏。

4. 果树

幼儿和爸爸妈妈一起种下的果树，也是幼儿园一道别样的风景。虽然植物的形态不同，果实不同，但即使是酸掉牙的黄皮，也是幼儿口中不可多得的美食。番石榴、李树、桃树、葡萄、杨桃……每一棵都是幼儿栽下的梦想，是多年后再回幼儿园也会来探望的地方。

熟透的石榴压弯了枝头

5. 特殊习性的植物

向阳而生的向日葵，是幼儿从一颗瓜子的种下，陪伴到"大脸盘"挂满枝头，幼儿看到了向日葵追随太阳脚步的特性。昼开夜息的睡莲，一碰就闭合的含羞草……都是幼儿每天争相观察的对象。幼儿园里种下的每一棵植物，都在给幼儿上着最生动的一课。

（三）植物的颜色

幼儿园更是少不了各种颜色的花朵：墙脚的蓝雪花、红黄交错的龙船花、玫红的三角梅、似火的杜鹃、洁白的玉兰……让幼儿感受到了不同的季节、不同的颜色。而每一个季节，都有它独特的美景。

争奇斗艳的蓝雪花

二、二十四节气民俗活动

1. 衣

二十四节气的变化，预示着气温也会随之变化，而气温变化，幼儿自然要相应地增减衣物。在幼儿园阶段，小班幼儿要学会自己穿脱衣物、鞋袜；中大班的幼儿要学会根据温度的变化，自己增减衣物、系鞋带，等等。

2. 食

每个节气该吃什么？一张小小的四季桌，摆放着各个节气当季的食材、水果，唤起了幼儿的好奇心。要想真正认识节气美食，幼儿可要下不少的功夫，从食物的原料开始，跟着教师一步一步地制作，才能最终品尝到美味的食物，从而更能深入地了解每一种节气美食的特点。

幼儿冬至包饺子

3. 诗词、谚语

古往今来，不少文人名士和生活中的大智之士根据各个节气的特点，创作了不少琅琅上口的优美诗词和讲述节气物候特点的谚语。教师可以将这些诗词、谚语制作成区域自选材料，例如节气名称三部卡、节气诗词接龙、节气大转盘等，让幼儿通过自我学习的方式了解各种不同节气的知识。

《三字经》故事中知道理

融·文化和活动

4. 游戏活动

各个节气的气候变化，也出现了许许多多符合节气的游戏活动。例如：立春放风筝、立夏斗蛋、端午赛龙舟，等等。这些游戏以及游戏的道具展示，最能吸引幼儿的眼球。空白的风筝、摆放在桌上的一颗颗蛋、纸板制作的龙舟……简单又生动的环境，探究体验就是最好的文化体现。

立夏斗蛋

端午趣味赛龙舟

三、传统节庆大型活动——以"三元庙会"活动为例

要想更好地烘托出传统文化的氛围，传统节日的活动是必不可少的，元旦元宵、端午中秋，从里到外，浓浓的节日氛围让幼儿身临其境，在活动中感受文化的内涵。

"元旦"的"元"，指开始，是第一的意思，凡数之始称为"元"；"旦"，象形字，上面的"日"代表太阳，下面的"一"代表地平线，

"旦"即太阳从地平线上冉冉升起，象征一日的开始。元旦又称"三元"，即岁之元、月之元、时之元。同乐幼儿园在元旦前夕，开展了"三元庙会"活动，意在结合我园的园本文化特色，让幼儿感知传统文化的魅力，进一步增强幼儿爱祖国、爱家乡的情感。庙会的特色就是热闹，而热闹的环境就是活动的人群。

一场大型活动的成功，离不开幼儿园的每一个人，从教师到幼儿，从家长到后勤，每一分子都能给活动增添一份力量，体现出"和乐"的园本文化。那就让我们一起来看看，一次具有园本传统文化特色的活动是怎么产生的吧。

（一）集思广益，和而不同

完整的活动，离不开有计划、有目的的活动方案，要充分挖掘出每个人的想法，集思广益、不断创新，让传统和现代相结合，碰撞出新的火花。活动开始成立策划小组，从活动主题、活动时间、活动细则、活动组织、活动安排、活动预算到活动总结，每位组员都畅所欲言，对自我擅长的领域结合节日特征进行探讨、汇总，确定活动方案，让每次活动都和而不同。

（二）合心同德，和气致祥

活动方案出来了，每个人都要行动起来，大家协同合作，共同努力为活动做好各项前期准备。园长负责整个流程的把控，然后成立不同的工作小组。

环境布置小组：设计和落实全园场地布置、场地图、环境渲染及前期材料准备。

卫生保健小组：负责全园幼儿的保健、救护、安全指导工作。

安全保卫小组：负责师幼安全、财产安全与活动当天各班级、办公室财产以及人员人身安全。

会务小组：负责接待来宾、发邀请函、宣传沟通、新闻报道、音响设备、录像摄影、现场广播、家长和来宾座位安排等。

音效小组：负责音乐选曲、监听、编辑、录制。

服装道具小组：围绕主题进行服装道具制作、摊位设计、协调摊位类型和售卖物品。

现场摊位管理：协调现场摊位摆放及秩序管理。

节目现场管理：统筹节目现场各细节，负责节目候场、催场、上下场、播放音乐等。

人人有任务，人人有责任，人人都是活动的重要组成部分，合心同德，才能让活动成功举行。

（三）和境塑人

大型活动的开展，就是为幼儿提供有准备的环境，在这种快乐的环境中，幼儿自主学习、自由探索，乐学、乐玩、乐交，就是文化的另一种体现。

1. 型

要想拥有穿越的环境，每个人的衣着都是至关重要的。汉服、唐装，红袖罗裙、衣襟盘扣、足下蹑丝履、头上玳瑁光……从幼儿、家长到教师，每一位参与活动的人员都身着富有中国传统文化特色的服装，整个活动的环境就别具一格。

一家人穿着汉服喜迎"三元庙会"

门口竖立着数张不同服饰的人物立牌，能让你瞬间变成不同的角色：财神、仙女、武士……

庙会的人物立牌带你一秒穿越

2. 戏

变化莫测川剧变脸，悠扬婉转唱京腔；中华武术气盖山，古筝二胡音绕梁；凤舞龙蟠振狮风，娉婷婀娜拨云岚；精神矍铄秀风采，伶牙俐齿道典藏。

戏，创设了一种可以直观感受历史文化的环境，那富有传统文化特色的各类表演，更是把庙会的环境烘托到了一个新的高度。

"三元庙会"传统川剧变脸表演

3. 游

东风夜放灯千树。映枝头，红似火。琳琅满目铺两路。人潮涌动，欢声笑语，满屏声光舞。

蛾儿雪柳黄金缕，笑语盈盈暗香去。门庭若市千百户。呼朋唤友，携手同游，同乐闹市处。

手绘海报，传统挂饰，吆喝叫卖声，充分展现家长和幼儿特色的摊位，就是整个庙会最鲜活的环境。幼儿可以在这里挑选、贩卖不同种类的中华传统工艺品，体验中国结、香囊、剪纸、国画、书法等中华传统艺术，品尝冰糖葫芦、糖画等传统小吃，游玩射箭、投壶、套圈等传统游戏项目。

"三元庙会"中的喜庆大花轿

环境不是脱离活动独自存在的，也不仅仅是承载着文化静态的美，将文化和活动融合在一起，把鲜活的环境展现出来，让富有生命力的环境贯穿到整个活动当中，才是活动最热闹的表现。

文化是什么？

文化融入环境，

环境服务活动，

活动覆盖着每朵花、每棵草，

每个幼儿的笑脸，

每个"乐"开始的地方……

趣·户外环境

冼桂琼

草长莺飞二月天，拂堤杨柳醉春烟。

儿童散学归来早，忙趁东风放纸鸢。

——清代·高鼎《村居》

幼儿园户外环境是幼儿园总体环境中的一部分，能更好地促进幼儿与环境互动，使幼儿在互动中获得发展，为培养幼儿体、智、德、美、劳全面发展提供有效的场所和途径。户外环境既是幼儿学习运动、增强体质、挑战与创造的场所，又是幼儿感知自然、亲近自然、探索自然的有效途径。幼儿园开展户外活动有利于幼儿身心发展，满足幼儿对环境探索及自身技能发展。《幼儿园教育指导纲要（试行）》中明确指出："幼儿园应开展丰富多彩的户外游戏和体育活动。"因此，我们开展户外活动时必须因地制宜，遵循幼儿身心发展的规律，充分调动幼儿的兴趣，组织多种形式的游戏活动，从而发挥户外活动的作用。

除此之外，幼儿园户外环境也起到隐形的教育与宣传作用。它的设计布局、设备材料的投入、色彩的搭配、宣传教育、视觉的冲击，等等，都能直观反映出幼儿园的园所理念和文化，是幼儿园对外会说话的窗口。我们参观一些幼儿园户外环境时，更加关注哪些方面？它留给我们怎样的感受？户外环境创设应遵循什么？其实，我们更多地应从幼儿需求出发，在户外环境创设中需要"基于儿童的视角"考虑问题。因为幼儿正处于身体、心理、智力快速发展以及个性形成的重要时期，幼儿对于环境的所需所求、所思所想是需要我们慎重考虑的问题。每所幼儿园户外环境呈现出的状态，恰恰是这所幼儿园教育观念的反映。一个无序的场所，它会让你感到压抑；一个空无一物的场所，会让你不知所措；一个搭配有致、材料丰富的场所，会让你有动手的冲动……环境教育的价值在于约束，还是在于引领？在于成就，还是在于互动？这将在我们的环境中体现出来。

从当前情况来看，我国还有大部分幼儿园的户外环境呈现出工业化的迹象。当你走进大门，五颜六色的塑胶地面、琳琅满目又大小不一的成品玩具，跳跃的颜色，不和谐的颜色搭配，让人审美疲劳、无法呼吸。看到这些，我们都在思考：难道幼儿园的户外环境创设都需要这样吗？我们只能听到这样的声音吗？不，走进同乐，走进同乐户外，看到的是苏州园林的文化韵味、面积极大的草坪、高低起伏的草坡、透过竹林若隐若现的景象、户外区域既相连又个性化的创设……让你有一种撒腿奔跑、拥抱大自然、尽情探索的冲动！同乐户外环境，遵循幼儿天性，乐趣相容！

一、生态之趣——返璞归真，自然和谐

"池塘边的榕树上，知了在声声叫着夏天。操场边的秋千上，只有蝴蝶停在上面……"当听到这首歌曲《童年》，我们都会有共鸣，那就是勾起我们儿时美好的回忆，自由自在的画面浮现在眼前。虽然我们童年时没有高科技的玩具，没有繁多的娱乐设备设施，但我们拥有大自然赋予的最天然、最有趣的礼物。它们是什么？它们就是沙石泥土、花草树木、鸟语花香、山水陡坡……我们可以尽情地在田野上奔跑，光着脚丫走在泥巴上、石头上、草地上，累了可以躺下来休息，闻闻花香，品品蔬果，无拘无束的童年时光丰富了我们的人生。

但随着城市现代化的发展，幼儿园周边都是高楼大厦，特别是幼儿园户外出现了大面积的塑胶场地、跑道、人工草皮、水泥钢板、色彩鲜明的大型玩具……这些都成了幼儿园的标志。当你远远看到这些，你就会第一时间反应过来，那就是个幼儿园。这些是时代在进步，还是物质驱使下的形式化表现？一园皆是成品运动器械、夸张搭配的材质，显得格外苍白。缺失的花草树木、泥土沙石、流水小路等原生态元素，成为幼儿童年成长的奢侈品。这些科技与工业化创造出来的

环境，给幼儿园造成了很大的负面影响！

在同乐，生态自然的环境，让我们感受到大自然赋予生命的力量。我们努力创造自然环境，肩负着崇尚自然的使命，把它作为我们的"教具"。我们将自然所富有的简朴、纯真、有爱、美好等正能量传递给幼儿。亲近自然，不光是走进自然，还要让幼儿了解自然、利用自然、爱护自然，这是一个综合的学习过程。它能更好地顺应幼儿独特的学习方式，通过直接感知、实际操作和亲身体验获得经验。

同乐户外，有着大自然的味道。当你踏着清晨的第一缕阳光，来到同乐，映入眼帘的是绿意盎然的植物。在道路的两侧，往同乐看去，你会透过一片灌木丛，若隐若现地看到同乐的园门。再往前走，幼儿园大门周围种满了各种植物，给人一种与大自然紧紧拥抱、无法割舍的感觉。站在园所门口，一簇鲜艳的三角梅顺着墙脚攀上屋檐，一种生机勃勃的力量照射着每个人前进的步伐。在这里，会经常听到师幼之间、亲子之间、幼幼之间讨论的声音："三角梅越长越高了！""呀，今天下雨把花打落了不少！""为什么最近花开得不多呢？""花捡起来可以装扮教室，还可以涂指甲呢！"……带着幼儿的问题、兴趣点，教师、家长会不时地与幼儿进行互动。

幼儿园门口盛开的三角梅

在这里，花草装点整个校园。幼儿园四周围栏上是各种爬藤植物，有使君子、炮仗花、金银花……还有爬山虎爬满整座教学楼，不同的季节，植物的变化，让爬满植物的建筑物显得特别美。幼儿园户外枝繁叶茂、绿树葱葱、岁月静好。走进其中，偌大的草坪、起伏的草坡、高低不同的乔木、郁郁苍苍的竹林、大小不一的木桩、不规则的沙石池、大大小小的轮胎……幼儿就像快乐的精灵，撒开腿自由奔跑。在这里，不时会看到幼儿蹲下来探讨蜗牛爬行的声音；幼儿三五成群地站在大树下观察，年龄小的幼儿用手尝试触摸树皮，感知树皮的样子；年龄大的幼儿与同伴张开双手拥抱大树，丈量着大树有多粗，探讨着果子熟了要怎样采摘，金银花是什么味道。……这就是幼儿在自然环境下通过听、看、闻、摸、尝去感知世界万物；在说、唱、跳、做、画的操作体验中获取经验，从而内化成有用的知识。

园内的桑葚挂满枝头

在同乐，这里的植物一年四季伴着快乐的音符生长着：满园花开应有时，花开花谢、花密花疏、叶长叶落、叶绿叶黄、风来风去、叶随风落……这里的种植园，生长着幼儿精心呵护的瓜果蔬菜；船池中有畅游的鱼儿；饲养角有活泼的小动物；这里还有可以光着脚丫尽情感受的泥沙石池……这些都是活生生的教材，给幼儿提供幼幼互动、师幼互动、幼儿与环境互动的情境与探索的机会。这里的幼儿，每天都可以尽情地与大自然接触，拥抱自然、拥抱阳光、拥抱快乐，这些与自然和谐相伴的画面，时时伴随着幼儿的成长，给驻足在这里的幼儿播下了爱与美、自然与和谐、敬畏与期盼的种子，使我们共同见证彼此的成长！

二、文化之趣——传统秉承，环境渗透

户外环境中文化元素的融入，提高了环境的功能性。在创设幼儿园文化环境中，我们要营造和谐家园及民族文化氛围，培养幼儿爱家、爱国情感，同时增强幼儿的文化认同感、归属感和自豪感。其中，在户外物质文化环境创设中，我们可以让幼儿园的每一个角落、每一处景物、每一面墙壁都注入文化色彩元素，让它们成为幼儿可互动的、能说话的环境，使幼儿身处幼儿园每个地方都能感受文化的韵味，享受文化的熏陶，动手参与文化环境的创设，体验文化带来的乐趣，真正成为环境的主人。

幼儿园校门入口是人员进入园区的第一关口，代表着幼儿园设计建筑独有的文化标志。它是传递给大家对幼儿园文化的第一印象，同时传递给他人园所的文化理念。走进同乐大门，你会被两个错落有致的半圆形建筑物所吸引。看着具有古典建筑特征的青砖瓦楞铺设而成的墙体、瓦头，紧靠墙体攀爬的植物与之融为一体，你仿佛置身于彰显中国古典园林精髓的传统苏州园林。除此之外，校门右侧，一组醒目的字体也会吸引你的眼球。"同乐幼儿园"几个红色烤漆大字在两个刻有祥云的石柱架起的一块厚实而古朴的船木上特别醒目。船木，也是文化传播者，虽然经受了风风雨雨，却有着一种厚重大气，折射出一个时代的文化底蕴，同时代表着中国的文化。船木的使用，着意于让其融入生活，融入文化当中。船木两侧分别摆放着两个石狮。石狮，在中华传统文化中是一种辟邪物品，家宅的守护神，具有浓厚的文化价值。同乐是幼儿学习与生活的家，同乐传统"家"的氛围就在这些传统文化元素下烘托出来。在这里，幼儿可以目睹中国传统建筑的特点，教师、家长可以和幼儿共同寻找和挖掘传统文化下的建筑元素。这些建筑元素，为幼儿提供不同文化、思考的主题探索活动。例如：小班"有趣的建筑""我是同乐娃"，中班"石狮的来源与寓意""船木从哪里来的？"，大班"中国传统建筑有哪些？""苏州园林"，等等。

趣 · 户外环境

古朴和现代相结合的园名设计

在园区内，我们还可以看到许多有文化元素的物件，如"四大神兽青石拴马桩"。"四大神兽"又称"四大灵兽"，分别为青龙、白虎、朱雀、玄武；汉族传统文化中的"四象"，依次为"东青龙、西白虎、南朱雀、北玄武"。对于现在的幼儿，这些代表着什么？这些为什么能够体现中国文化？都成为他们需要学习的内容。老师带领幼儿触摸青石拴马桩，

四大神兽特色拴马桩

对话拴马桩，了解拴马桩的文化故事；观察"四象"的形态、发现它们的异同之处；尝试通过绘画、泥塑等方式制作拴马桩。在这一过程中，我们可以通过与幼儿查阅书籍，带领幼儿到周边的古玩城中寻找不一样的拴马桩等，让幼儿在探索中思考，在思考中体验，在体验中成长。文化教育就这样自然而然地融入幼儿的学习之中。文化物件的摆设，增加了环境的趣味性，使幼儿对文化有更强烈的学习兴趣，

对文化会有更深的理解。

当然，在环境材料选用上，我们尽量用具有文化底蕴的色彩与材质，更加凸显文化环境氛围。

"中国红"文化是中国传统文化色彩最为显著的标志，在世界都是有名的。中国人喜欢红色，从色系上来说，它属于暖色系；红色在中国代表着热情、喜庆，更代表着一种浓浓的爱意，也是中国人的文化图腾。而中国"印章"也是中国古老文化的象征，是中国人民智慧的成果，同时也是历史文化的产物，它有着极其重要的历史价值，体现了一种源远流长的文化气息。我们恰恰利用了中国红色和印章文化，把幼儿园园徽制作成标有"同乐幼儿园"及同乐拼音的红色印章，使幼儿能通过直观的方式在幼儿园的园徽上感受和追溯中国文化博大精深的内涵所在。在幼儿园户外不同墙面上呈现园徽，能使幼儿随时走近印章园徽，通过看一看、摸一摸、画一画的方式，激发幼儿探索的兴趣。

这里的玩具柜上选用了中国古代大门标配的门环，门环别致的图案、色彩及材质，顿时让幼儿眼前一亮。门环是我国文化历史的见证，也是文化的传承。当幼儿轻叩门环，打开柜门，仿佛开启了一扇历史之门，开启探究学习的大门。除此之外，具有中国琉璃文化的游戏木屋窗户、传统古朴的宣传栏、雕刻文化元素的屏风与牌匾等，都成为我们同乐幼儿园户外环境文化的亮点。相信幼儿在有准备的文化环境中会不断地发现文化带来的乐趣，同时在自发性、引导性的活动中深究文化，传承文化。

玩具柜上的古代门环

三、游戏之趣——探索与挑战并存

游戏是幼儿最基本的活动方式。户外游戏区是户外环境的重要组成部分，是幼儿游戏探索的大空间。户外游戏能培养和锻炼幼儿各方面综合能力，是帮助幼儿实现自我的有效途径，备受幼儿喜爱。在户外游戏中，幼儿可以尽情奔跑，自主选择，自由活动。户外游戏区不仅是幼儿玩耍的乐园，更是幼儿探索挑战的空间，它对于提升幼儿体能、智能、创造力和社会性发展起到重要的作用。因此，我们在实施过程中，按照《3～6岁儿童学习与发展指南》中的相应要求，并遵循幼儿体能锻炼的走、跑、跳、平衡、钻、爬等基本动作发展目标，划分多样性的游戏区域空间，增强空间与材料的互动性，为幼儿创设一个他们有权利对自己游戏活动、学习生活进行表态，提出自我想法，进行自我决策的游戏天地。同乐幼儿园究竟有哪些户外游戏区？让我们一起来看看吧！

户外游戏场地

我园有将近两千多平方米的户外游戏活动场地，主要分布在教学楼左右两侧，我们命名为"前院"和"后院"，前院位于教学楼右侧。进入幼儿园大门口，首先出现在我们面前的是集走、跑、跳等动作为一体的综合游戏操场区。在这里，幼儿可以进行小组、集体游戏活动，如每天开展的操节运动、30米往返跑，每周升旗、安全演练等活动；而紧靠旁边的就是幼儿园颇具特色的生态大草地，这里充满着生机、充满着挑战、充满着乐趣。偌大的生态草地有土坡、秋千、青石板、荡桥、山洞、帐篷、跷跷板等，每个角落都蕴藏着有趣、好玩、挑战、探索的元素。这些区域的划分、材料的摆放，将整个区域融合在一起，使幼儿各种大肌肉得到不同程度的发展。

幼儿在户外开展混龄游戏活动

生态草地连接着集沙、石、泥、土、水为一体的创想空间。沙池上有攀爬、平衡、垂吊等锻炼器械，周围是各种大小的鹅卵石及不规则的石条路，石条路周围有泥土板块、自砌的鹅卵石水池，上方是集运动和休闲为一体的生态木屋。在这里，幼儿可以与自然

园内沙池

之物进行亲密接触，用沙子堆砌沙堡、挖水渠、建城堡……用石头摆造型、画石头画……以及体验踩踩石头、沙土、水带给幼儿的不同感受；在生态木屋里进行自我挑战，感受团队合作的乐趣，还能站在木屋里，透过窗户欣赏园外的风景。

建筑物左边是幼儿园后院，后院有免轮轩游戏木屋，这里摆放着各种各

趣·户外环境

样的角色扮演服装、各种游戏辅助材料、音乐设备等，幼儿在这里可以将生活经验再现，同时也可以延伸、提升。除此之外，幼儿还可以在这里进行生活烹饪体验活动，可以在这里进行音乐游戏、绘画等艺术创作活动。游戏木屋给幼儿创设了自由翱翔的空间，激发了幼儿创造力、想象力和表现力。奂轮轩游戏木屋旁边是一片光滑的水泥地，幼儿在这里可以开展车类游戏、分组游戏活动，等等。

幼儿在奂轮轩体验各种职业角色

我园户外游戏活动采取分时段、分班级、集体混龄等方式进行。幼儿园制订每学期的户外场地安排表，各年级各班级根据安排表在不同游戏区域开展活动，这样充分发挥班级游戏的能动性，同时有效地利用户外游戏场地资源，使班级根据情况及需求开展班级内、班级间、年级间、全园性的互动交流、合作共享的游戏活动。

我园在户外活动中注入传统文化元素，让幼儿了解民族文化，增强幼儿对民族文化的认同感，从而提高幼儿的文化自信。户外活动时，通过采用民间游戏、使用传统器材、把民族传统歌谣带入游戏活动等方式激活传统游戏。在民间游戏中，有脍炙人口的抬花轿、跳竹竿、滚铁环、踩高跷等。而在户外投放游戏材料时，老师精心选择传统游戏活动材料，如狮子、大鼓、铁环、竹竿等，根据不同年龄段幼儿的需要提供不同的材料。在投放材料时要考虑材料的安全性、趣味性、挑战性，不仅确保游戏安全，还能有效地激发幼儿参加游戏活动的兴趣和积极性，增强游戏活动的趣味性。

幼儿伴着鼓声舞动醒狮

在户外游戏活动时提倡一物多玩，充分发挥材料的功能，使幼儿活动变得更加有趣，游戏更具创意。例如，绳子作为练习跳跃、跨越、投掷等材料。老师组织幼儿探索绳子的玩法，在探索中肯定幼儿的想法，引导幼儿把单一的玩法变得多样性。例如，一物多玩在幼儿游戏活动中既能有效地激发幼儿发散性思维，又能让幼儿展示自己的智慧，同时体验游戏成功的乐趣，使游戏活动变得更加新颖，这样游戏开展会更加持久。

幼儿园户外环境是幼儿游戏活动中有趣的空间，在有趣的空间里，需要我们创设有趣的环境。让我们当环境的有心人，与幼儿共同打造户外趣景、趣物、趣事，成为生活中的有趣之人。

趣·户外环境

调·风格

杨完娜

花未全开月未圆，看花待月思依然。

——宋·蔡襄《十三日吉祥探花》

《幼儿园教育指导纲要（试行）》指出："环境是重要的教育资源，应通过环境的创设和利用有效地促进幼儿的发展。"那么，究竟什么是幼儿园的环境呢？陈鹤琴先生曾提出："幼儿园环境是儿童所接触的，能给他以刺激的一切物质。"环境作为一种隐性课程，在开发幼儿智力、促进幼儿个性和谐发展等方面能发挥独特的作用。因为环境能激发幼儿的思考并能引起幼儿的行为与活动，从而改变幼儿的认识与理解，而幼儿也正是在这种与环境的互动中获得了各方面的能力和发展。总而言之，幼儿园的环境创设已成为幼儿教育的重要工作。

我国是东方的文明古国，悠久的历史形成了博大精深的民族传统文化。中华文化博大精深，源远流长。近些年来社会上也掀起了一阵国风热潮。热爱国风的教师让国风在教室里流动起来，创设出更美的国风环境，让幼儿更好地沉浸在国风中，体会不同的国风之美。《幼儿园教育指导纲要（试行）》指出：要"充分利用社会资源，引导幼儿实际感受丰富与优秀的祖国文化……激发幼儿爱家乡、爱祖国的情感"，深刻阐明了传统文化教育从娃娃抓起的重要性和必要性。因此，我园将中国传统文化渗透到幼儿园的日常生活中，让幼儿在环境中耳濡目染、亲身体验，从小得到快乐、和谐、自主的发展，教育幼儿从小热爱自己国家的文化，热爱自己的国家。

那么，如何把中国传统文化有效地结合在幼儿园的环境创设当中？我将从以下方面进行阐述。

一、风格的定义和作用

风格是艺术概念，是艺术作品在整体上呈现的有代表性的面貌，也是人们对标志要素组合的固化认知。例如，说起故宫，我们首先会想起的便是故宫的宫门，它那富有色彩冲击力的门钉、朱红的漆色、饱满厚重且排列有序的金色门钉、威严的瑞兽铺首等。那么，每个班级也是一样的，虽然说是以中国传统文化为主要基调，但是中国传统文化的元素有很多，教师需要提前思考和设计自己班级的传统文化元素。如何把传统文化元素有效融入到幼儿园的环境创设当中？怎样做，教室里的桌椅板凳和传统文化元素在一起才会看着舒服、统一呢？

在揭晓答案之前，首先我要给大家介绍一个名词——搭配主体的"颜值要素"。颜值要素包括颜色、材料、形状、质感等。两个物体的要素，重复一项，就代表"能搭"；重复两项，就代表"很搭"。因此，搭配的本质是协调，协调的关键是重复。我们在进行教室物品风格搭配的时候，要记住，同一个特点在场景中重复三次就能浑然一体了。

在班级的颜色搭配方面需要非常谨慎，班级环境创设并不是把每一件带有某个传统文化元素的物品都往教室里搬，因为一不小心就会把教室布置得眼花缭乱。有些物品单个看着很漂亮，搭配不当的话会适得其反，因此我们要掌握一定的配色技巧。

很多教师像我一样，买了不少配色书，一翻开就是色相、饱和度、明度这些概念，对于我们专业是学前教育的搭配小白来说，实在是太难了。那教室该如何配色呢？我举一个简单的例子来讲解：如果你要买一件预计穿5年的衣服，你会选择流行色的夹克衫、花哨的潮牌T恤衫还是基础款的"白衬衫+黑西服"？我想大部分教师会想：既然要穿那么久，还是基础款更可靠吧！毕竟流行元素过时很快，但做工好的白衬衫、黑西服这类单品，永远不会过时。其实，这件衣服就是你的教室，如果一套"白衬衫+黑西服"要穿5年，

调·风格

相信你一定会时不时选择不同的配饰——帽子、丝巾、包包、鞋子……让基础款服饰常穿常新，跨越潮流和时间的限制。这个例子跟我们的创设有异曲同工之处，教室里环境装饰的框架更换的频繁度比较小，而频繁更换的是墙上幼儿的作品展示和每个月主题墙活动内容的展示。幼儿的作品和活动往往是丰富多彩和五颜六色的，因此，在配色方面，大块背景面积使用的颜色要淡雅。例如，黑白灰系列、大地色系，再选一些中国元素进行跳色搭配，运用如此的配色法，就可以轻松驾驭班级配色，告别花花绿绿。

静听林干净整洁的室内环境

二、如何装饰出具有特色的班级环境

这里说的装饰可不单单是墙上挂幅画，还包括纱幔、地毯、盆栽、吊饰等，它们既有实用功能，也让教室变得更美，更有家的感觉。教室的装饰是视觉艺术，对于人的视觉而言，最重要的高度是"视平线"，即眼睛平视的高度。而在幼儿园里，我们所有的环境创设都是服务于幼儿的，所以高度也是教室装饰的重点所在。在教室里，具备功能性和装饰性的室内物品，统称为"吸睛元素"，可以是精品摆件、花瓶、照片墙等。如何做到装饰品醒目？首先，在摆放的时候要有主角；其次，利用三角构图法，拒绝平铺式摆法。

下面我将结合我们幼儿园部分教室的环境创设来具体阐述。

1. 刺绣

在润馨谷，教师选了刺绣和编织的元素来进行班级的环境创设。在主题墙上，十二生肖是用刺绣的方式来体现的。你还记得前面提过的风格里面的搭配要素吗？教师正是将绳、线条运用到教室装饰的每一个角落。例如：娃娃家编织帘、通往二楼睡室楼梯上编织的花篮、主题墙侧面的编织装饰品、家园栏的边框、教师精心刺绣出来的字、幼儿们全家福照片墙都充分展示了"绳、线条"这一要素。重复三次之后，就浑然一体了。因此，在润馨谷看似不相关的十二生肖和编织就是这么舒服、自然地呈现在幼儿的眼中。

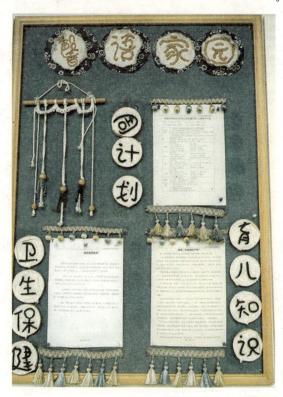

润馨谷布艺刺绣风格的家园栏

调 · 风格

教师手工编织的门帘

润馨谷在颜色种类上运用得比较多，但是这些颜色都是在基础色的基础上进行跳色搭配的。主题墙的背景板、空中挂着的三幅字画底板、二十四节气的底板、楼梯上呈现幼儿作品的底板都是运用了大地色系中的浅棕色来作为基础色。

想让教室变得温暖、柔软，需要怎么做呢？首先，我们少不了桌布、桌旗等，把淡绿色的桌布铺上桌子之后，跟绿色的窗帘相呼应，融为一体，教室瞬间温馨了不少；其次，在教室门口的书包柜上铺上桌旗，精心摆上十二生肖的摆件，让枯燥的书包柜增添了不少韵味。

我园还设置了许多特色区域，如娃娃家、化妆台、小厨房等，摆放幼儿常见的物品，让小班的幼儿有家的感觉。

2. 戏曲风

戏曲融合了中国传统文化的精髓，拥有多种古老剧种，将这种传统艺术与幼儿园环境创设相结合，让幼儿更容易学习和接受。如何将戏曲风合理地与幼儿园教室进行结合呢？首先我们要从戏曲风格里面找出几个有代表性的地方。说到戏曲，你首先会想到什么呢？那就是各种颜色的脸谱、红色、黑色、花纹图腾等。

京剧头饰摆件确定了班级戏曲风的格调

　　教师运用几个具有代表性的戏曲元素来作为教室里的搭配要素，如红蓝色块、脸谱、吉祥云花纹等。教师运用这几个搭配要素，在教室里进行重复出现和随意搭配，教室里就会展现出浓浓的戏曲风。例如，主题墙、家园栏、楼梯的装饰画等，教师都使用了吉祥云花纹作为边框，而且都是使用了同一种颜色，将这种"吉祥云"进行重复，使得整个教室环境和谐统一。我们从家园栏就可以看出整个教室是什么风格。另外，装饰墙有不同戏曲的人物特写；美工区的灯，教师也细心地做了处理，运用树枝和橡皮泥的结合来使灯看起来更具有艺术感；五彩的橡皮泥和戏曲里面各种颜色重复，所以看起来很协调。由于戏曲元素里面的颜色都是色彩鲜艳、饱和度很高，这些颜色都呈现出来时，对幼儿的视觉冲击力太大，会让幼儿心里浮躁，所以在进行环境创设时，我们要适当地用黑色来进行调和平衡。

　　特色区域设置：教师设置了京剧角色扮演区，让幼儿通过实际扮演和表演来了解各种角色。美工区的特色之一是画脸谱。通过描绘脸谱，教师引导幼儿初步了解戏剧脸谱的特点、样式及有关知识。展示区展示了京剧的头饰、化妆盒、乐器、京剧风格的画轴等，让幼儿通过直接感知、实际操作、亲身体验来了解京剧的相关知识。

调·风格

厚德岭美工区充满了戏曲风元素

3. 青花瓷

青花瓷淡雅清丽，一如歌中所唱的那样："素胚勾勒出青花，笔锋浓转淡。瓶身描绘的牡丹，一如你初妆。"我们将青花瓷带进教室，让幼儿从小就感受青花瓷的魅力。虽然青花瓷看似难以让小朋友感受幼儿园的活泼气氛，其实动动脑筋，将青花瓷与麻绳、纸板合理搭配运用，一样可以创设出美丽简洁的环境。

青花瓷盘和桌旗相呼应

首先，还是需要我们想一想青花瓷最具代表性的地方：蓝色花纹、陶瓷、蓝色碎花布等。看到这几个特点，我们就可以想到，教室里的颜色要以蓝色、白色为主。展示墙的底板可以使用蓝色和白色的底板，如果需要使用边框的话，就选大地色的底板和蓝色碎花布来搭配。仁智岭的家园栏、主题墙等，教师运用蓝白色碎花布作为边框来显示教室里的和谐统一。作品墙运用粗麻绳来设计，麻绳的顶端用了蓝色碎花布进行点缀。在环境软装方面，我们可以运用青花瓷特色的扇子、碟子等摆件装饰教室。教师在麻色

仁智岭室内的青花瓷花瓶

的桌布中间铺上青花瓷花纹的桌旗，再给每一张桌子上摆放一个青花瓷特色的小花瓶进行点缀，让教室的整个环境和谐统一。

　　特色区域设置：美工区可以提供蛋糕碟子、白色瓷器等，让幼儿在这些器物上用线条尽情描绘。

装饰画、桌布、摆件都富含青花瓷元素

调·风格

4.水墨江南

有中国文明流淌的地方，就有水墨的荡漾，尤其在江南，小桥流水、烟雨蒙蒙。提起水墨江南，我们想到的一定是山水画和白墙青瓦。如何创设如诗如画的环境，让幼儿感受中国几千年文化的沉淀之美呢？那么就一起来看看我们幼儿园的教师是如何将水墨江南风格运用到教室的环创当中的吧。家园栏用仿古屋檐、镂空花窗做成一个小型的江南建筑的样子，教室里的主题墙也是运用仿古屋顶和白色珍珠板。在使用一些装饰品的时候，我们要特别考虑是否和教室里的风格搭配。在软装方面，教师在区域里运用了一个具有水墨江南风格的屏风隔断，既增加了江南韵味，又使区域之间分隔开了；教师还利用家长资源，为班级画了山水字画等；二楼睡室的下方，教师用两块纱帘进行了隔断，使教室看起来更加朦胧。

细语林水墨江南跃然墙上

特色区域设置：白墙青瓦的建筑非常适合幼儿用水墨画来表现，在美工区提供毛笔、中国画颜料、宣纸等，让幼儿进行水墨画的创作。特色区域里，水墨画作背景，设置棋盘，让幼儿在优雅的环境下进行对弈。

5.竹

竹子在我国是十分常见的一种植物，也是比较具有代表性的植物。从古至今，竹子一直被人赞美。如何将竹子的特点运用于班级环境创设当中呢？

我们首先还是考虑和竹子有关的特点：绿色、熊猫、茶艺等。细雨林的家园栏运用竹子摆出各种造型贴在浅麻色的背景板上，"竹林细语"的字体用了楷书，更能显示古风韵味，在整个画面的角落，摆放一只小熊猫，跟竹林一起显得更加和谐。细雨林一入门口的墙上，教师画了一幅江南水墨画，给人一种"独坐幽篁里，弹琴复长啸"。在用竹子装饰环境方面，教师运用了竹子的线条感，来进行教室里的隔断和环境创设。楼梯上，一幅幅竹子的水墨画，像是使人置身于竹林里一般。楼梯下面的区域，设置了一间小茶室，幼儿可以在此听风、观竹、品茶。"一节复一

细语林竹元素风格的家园栏

节，千枝攒万叶；我自不开花，免撩蜂与蝶。"细语林的教室环境正如这首诗一样，不用过多的色彩搭配，简单的绿色点缀整个教室，使教室看起来简洁、安静。嘈杂的社会环境下，幼儿正需要一个这样的安静、简洁的环境来自由成长。

细语林书包柜竹制摆件

调·风格

6. 民族风——云南风

中国有五十六个民族，每一个民族都有自己的特色。除了一些共性的中国风特色元素外，结合各民族特色进行环创也是非常必要的。沐欣谷在环境创设构思方面采用了民族特色比较明显的傣族风格，通过环境让幼儿感受中国民族文化的多样性。傣族风的特点：孔雀、傣族服饰、竹编器、花卉等。从以上几个特点看，傣族风格的颜色应该很多很杂。如何做到颜色搭配合适呢？那就需要大色块来平衡。沐欣谷的大色块选了墨蓝色，主题墙和家园栏都用了墨蓝色的底板，家园栏上采用黑色和编织小托盘来装饰。幼儿的置物袋、二楼的装饰画底板、楼梯下方挂的三幅具有云南地方特色的装饰画，底色也是采用了墨蓝色。运用大块的墨蓝色来做底板，教室里即便颜色多也没有显得很杂乱。桌布使用了浅麻色和墨蓝色搭配，跟班级整个色系融为一体。

沐欣谷民族特色美工区

幼儿园教育是基础教育的重要组成部分，是我国学校教育和终身教育的奠基阶段，中华优秀传统文化对幼儿教育有着重要的作用。创设传统文化的环境可以促进幼儿的审美发展，加深幼儿对传统文化的了解。

染·颜色

高琳琳

赤橙黄绿青蓝紫，谁持彩练当空舞？

——毛泽东《菩萨蛮·大柏地》

"欲把西湖比西子，淡妆浓抹总相宜。"诗人苏轼的千古名句把人带入了蓝天碧水、柳绿桃红的西湖美景之中。中国古典诗句所传达的西湖景色之美让人如沐春风、心旷神怡。如同苏轼笔下色彩绚烂的西湖，在我们的生活中，色彩始终有一种神奇的魔力，能带给人们不同的感受，能潜移默化地陶冶人们的情操。正如马克思所说"色彩的感觉是一般美感中最大众化的形式"。带着幼儿通过色彩感受美、体悟美也正是当代幼儿教师义不容辞的责任。

世界卫生组织（WHO）研究表明，儿童的早期环境对其大脑发育有着至关重要的影响。儿童时期的亿万脑细胞拥有神奇的潜力，通过相互关联，就可以发育成熟。早期环境（社会影响）越刺激，大脑内就能形成越来越积极的关联，儿童在生活的各个方面就成长得越好，包括生理发育、心理和社会发展以及自我表达和获得知识的能力。3～6岁的儿童对于成长发展的环境有着强烈的依赖和需求，为了让幼儿在舒适自由的环境中成长，成人必须要创设一个儿童依赖并适合其生活和学习发展的环境。要让幼儿在自由的环境中生活和学习，教师就需要营造色彩温馨舒适的幼儿园户外及班级环境。幼儿对于色彩有着自己的理解，他们喜欢鲜艳的、富有跳跃性的色彩，但相对简单、自然的色调，更容易使幼儿内心安定，让幼儿能够集中精力去理解、创造与思考。在幼儿园中，最能体现色彩重要功能的项目是幼儿园环创。幼儿园通过环创项目的实施，使用合理的色彩搭配，既能陶冶幼儿的情操，同时也能对他们的心理健康、创新能力和审美感知力产生不可估量的影响。

幼儿对色彩很敏感，如果长期在配色不合理的环境中生活，幼儿的神经系统会不可避免地受到刺激，幼儿会出现视觉疲劳和情绪波动，这都不利于幼儿的健康成长。因此，幼儿园教师在环境创设中应选用那些对幼儿的心理发展起促进作用的色彩及色彩组合。在环境布置中，灵活使用恰当的颜色，可以让幼儿产生温柔、亲切、和顺的感受。

我园深挖二十四节气传统文化中的精神内涵，结合自然生态环境的现代化艺术设计理念，合理使用色彩，为幼儿营造温馨的成长环境。

首先，从整体的生态环境色彩运用上来说，我园的环境设计主要体现了清新、淡雅、自然、淳朴的设计风格，整体使用了单纯的图画色彩，更接近自然。这样的色彩令幼儿容易产生丰富的联想，能使幼儿产生共鸣，便于他们欣赏、理解、借鉴、表现，给幼儿以美的视觉享受。

其次，我园的主体建筑采用以浅棕色和白色为主色调，点缀少许低饱和度的橙色方块，很好地体现了园所与自然生态环境融合的主旨。

进入园内映入我们眼帘的则是绿油油的草地，红色、黄色、橘色富有暖色调的小花朵。

墙上绿色的爬山虎、大片玫红色的三角梅在内敛的灰色主体建筑的映衬之下，既彰显了中华古典文化的韵味，又不失幼儿园的活泼与灵动。

幼儿园整体的素雅色调

一、"色"之行——园所整体性

在幼儿园班级教室内的环境创设中，我们注重与幼儿园整体室内环境的色调统一、风格统一。例如，我园整体环境与色彩蕴含浓郁的自然气息，班级室内色彩也与外环境保持色调的统一。室内整体空间的色调、色彩保持和谐统一，能够让室内空间有序一致；反之，则会使室内空间显得杂乱无章。

在园所的整体性方面：根据我园的文化理念，小班命名为春晓组，这是因为春天是万物复苏的季节，小草冒出了嫩芽，树木抽出了嫩枝。小班幼儿入园时即为幼儿创设美丽舒适的环境，一切都清新自然、美丽怡人。班级环境应体现春的色彩，所以春晓组班级的配色以绿色系为主；绿色系中，黄绿色给人以清新、有活力、快乐的感受，班级整体选用纯色搭配，整体上显现出简洁的风貌。

染·颜色

被绿树青草环绕的户外环境

春晓组沐欣谷主题为"傣族风"，则以草绿色为主，孔雀的尾巴、幼儿们绘画的傣族筐、吊饰、摆件、娃娃家一角的森林狂欢均为绿色调，与园本自然风绿色紧密结合，给人一种大自然舒适放松的感觉。

室内相对简单的纯色并没有让空间显得单调，反而让环境更加和谐舒适，让幼儿的心灵更加宁静安逸，避免烦躁引起的坏脾气与紧张感。

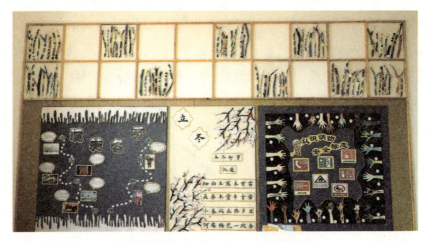

青蓝色调的主题墙契合班级民族风特色

中班命名为夏满组，这时的幼儿既像夏日艳阳，热烈奔放，又像夏日植物，欣欣向荣、苗壮成长。我园的环境自然怡人，为幼儿感知亲近大自然创造了条件，班级环境色彩使用清新淡雅的蓝色系给人带来清凉。蓝色同时可以带给人安静、沉稳、踏实的感觉，舒缓的蓝色可以安抚幼儿，使幼儿情绪安定，积极学习、思考。

夏满组行云林的班级环创主题为"江南小镇"。蓝色的青花瓷花样的桌布、屏风，用瓦片呈现立体式的主题墙，辅以淡蓝色边框，再与纸扇巧妙结合，深浅搭配，明暗交替，高低错落，与青花瓷中国风紧密结合。

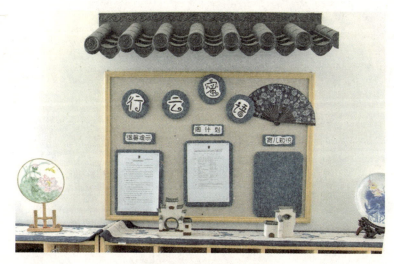

行云林青花蓝色调的家园栏

通过匠心独具的环境色彩设计，教师为幼儿营造了清静优雅的学习环境，如春夜的小雨，悄无声息地滋养着生机勃勃的幼苗。"江南小镇"也用它独特的文化感染力，无时无刻不在影响着班级中的每一位乐学上进的幼儿。

大班命名为秋实组。秋天是收获的季节，象征幼儿在幼儿园三年时间里成长，收获满满。金黄的麦穗，漫天飞舞的黄叶，无不告诉人们秋季的到来，班级环境色彩的选择多以黄色系为主。黄色就像太阳一样，是来自大自然的希望之色，传达着一种积极向上的精神。在色彩心理学中，黄色可以联想到喜悦、光彩、乐观。

以秋实组上善岭为例，班级环境创设的主题为"书画"。二十四节气图示、淡黄格子的台布、书法绘画一角的布置、传统中国伞的装饰，与土黄色窗帘融为一体。班级的主题使用传统中国书房的元素，将其与我园黄色淡雅风紧密结合，给人一种开朗、乐观、豁达的感觉，为幼儿创设了感受中国传统、融入文化氛围的色彩环境。

上善岭素色淡雅的书画区

功能室是收纳知识与技能的宝库，所以命名为冬藏。冬天是储存的季节，环境创设上以原木色为主，淡雅的原木色，显得非常清新自然。整体的布局设置讲究自然和谐，再点缀以绿植，让整个空间充满生机和自然的味道，如文渊阁的桌椅、清影亭木质地板、丹青坊灯光颜色，均体现出木质感觉。

整个空间清新洁净、明亮开阔，原木色相互衬托，显得质朴纯洁无瑕。功能室人性化的趣味空间，让幼儿的心理安定，促进了幼儿身心健康发展。

原木色调的丹青坊

二、"色"之行——班级艺术性

　　色彩给予人们一切感情的联想，能增强空间的立体感。追求艺术性，也是对幼儿园室内空间色彩和谐搭配的要求，即在保持色调整体性的前提下，控制好色彩使用的范围及比例，利用好色彩的色相、饱和度、明度三要素，使得室内色调丰富统一。通过改变这些色彩的明暗度及浓度来创造出各种效果变化。在环境布置中，教师采用色彩的浓淡处理，将大面积的造型用淡色，将要突出的部位用稍浓的色调作为补充，使色彩互补，形成色彩与空间之间的互动关系。通过对幼儿室内空间色彩的艺术化处理，我们期望能够给予幼儿一个和谐、温馨、快乐的学习活动空间。

　　细语林以竹子为班级环境创设的主材料，色彩也选用原木色与饱和度低的浅绿色。在主色调的基础上点缀其他颜色，比如除了绿色与原木色之外，还添加了浅棕色的地毯和背景墙、淡黄色桌布作为点缀，最终的目的都是保持整个空间色调的完整性，以迎合幼儿的天性。

染・颜色

细语林绿色和原木色相衬托

润馨谷的主题墙设计，采用了同色系、饱和度有差异的麻绳，渐变排序的方式创设出富有艺术感的主题墙。

润馨谷色彩渐变排序的主题墙

泽歆谷则采用棕色的麻绳编制边框，包括乐器区、墙上的剪纸，使用温柔而平和的棕色色彩调和的复合色为基调，点缀一些其他的颜色，如粉色的花瓶、少许蓝色的娃娃家、暗黄色的乐器等进行布置，使整个班级室内色彩显得不那么单调，还能表现出自然朴素的气息。

泽歆谷棕色基底的室内环境

总之，对于幼儿来说，其选择的色彩都是以暖色调为主。鲜艳的色彩配合较为明快的主题，对幼儿认知能力的提升和发展都有着较为重要的意义。

三、"色"之行——空间引导性

室内空间色彩搭配的引导性是幼儿空间的一个特殊要求，在保持班级室内色调的前提下，各个区域的空间可以用不同色彩进行不同风格的区分。教室内的区域都有不同的功能，利用色彩心理学进行科学的配色，可以促进幼儿的心理发展。色彩有助于我们了解幼儿的内心情感状态，对于幼儿来说，色彩是他们内心情感的直接表现。

在幼儿园环境中色彩的运用要合理搭配，不宜颜色过重，发挥幼儿园环境中色彩的可识别功能，不局限于装饰作用；选择颜色时考虑幼儿园本身的特质，过多的物质环境会带来空间负重感。

细语林的茶艺区，利用原木色的竹帘作为背景，大地色的草珠子垂帘作为隔断，搭配古香古色的茶艺器具，营造出静谧的品茶环境，幼儿处在这样的环境中，心自然就静下来了。

细语林古色古香的茶艺区

沁心谷的娃娃家，选用轻柔的纱帘作为隔断，沙发、吊饰、摆件等皆为轻快明亮色系，营造出温馨舒适的环境，带给幼儿安全感。

沁心谷温馨舒适的娃娃家

上善岭美工区剪刀的归类，是根据颜色由浅到深进行排列的，从浅蓝到深蓝；毛笔的摆放也由深到浅逐一进行排列。体现了教师对于幼儿空间的引导性。

丹青坊，冷暖色调的PVC管整齐地排列在窗边，桌面上各色颜料瓶也按照色彩的深浅变化摆放，呈现循序渐进的感觉，同样也体现了色彩在空间的引导性作用。

丹青坊一角的色彩视觉冲击

　　冷色调能让人放松心情，为了让幼儿更快地进入睡眠状态，班级窗帘与床上用品采用了浅绿色、浅蓝色等冷色调。

　　每个班级都合理地摆放了绿植，让教室的整体变得更为生动，有趣味性。

　　班牌的设计以传统文化和国学作为基调，二十四节气课程目标为主导，同样以原木色为主。

　　幼儿园整体环境的营造从单一到多元的方向动态变化发展。多元化环境设计体现了多学科的交叉，色彩、文化等多种因素对于幼儿园环境设计有不同的影响，这些因素最终达成共识。多元化的互动不仅是指教师、幼儿之间的互动，"物质环境"与"精神环境"也能通过色彩环境设置提供隐喻性的精神表达。

原木雕花设计的
班牌

染 · 颜色

　　色彩环境是构成幼儿园课程体系的重要组成部分，环境在幼儿发展中拥有隐性的教育作用。一个好的色彩环境能够满足幼儿的需求，同时可以培养幼儿对于色彩的观察力和联想力，塑造他们独特的色彩思维，促进他们艺术能力的发展。只有科学合理地设计幼儿园的环境色彩，营造简单自然、协调统一的环境色彩，才能有效促进幼儿身心的健康发展、智力的开发以及良好性格的形成。

层·空间

方 向

新晴原野旷，极目无氛垢。
郭门临渡头，村树连溪口。
白水明田外，碧峰出山后。
农月无闲人，倾家事南亩。

——王维《新晴野望》

　　王维的这首田园诗，描写初夏的乡村，雨过天晴，诗人眺望原野所见到的景色。"郭门临渡头，村树连溪口。白水明田外，碧峰出山后。"这两句描绘的是田野间，银白色的河水泛起粼粼波光，因为雨后水涨，晴日辉映，比平时显得明亮；山脊背后，重重青翠的峰峦突兀而出，峰峦迭现，远近相衬，比平时更富有层次感，俨然构成了一幅天然绝妙的图画。

　　同样是山水，融入了远近相衬的层次感之后随即变得美妙绝伦，意境悠远。由此可见，在幼儿园的环境创设之中，层次的运用也颇为重要，能起到画龙点睛的作用。

　　何为层次呢？层次是指系统在结构或功能方面的等级秩序，具有多样性，可按物质的质量、能量、运动状态、空间尺度、时间顺序、组织化程度等多种标准划分。根据幼儿园环境创设所涉及的内容，层次则包含了空间、色彩、材料三大重要元素。

我园秉承着蒙台梭利与传统文化相结合的教育理念，并将园所"和乐"文化和教育理念充分地融入环境之中，汇聚幼儿园每一个人的智慧和心血，共同把幼儿园环境打造得和乐雅致、层次分明。

一、户外环境

世界幼教之父德国的福禄培尔在其创办的世界第一家幼稚园里，没有对幼儿进行操练，而是带领幼儿融入大自然的怀抱中，让他们进行一些田野劳动，或者是在户外开展一些活动。由此可见，户外活动对幼儿成长的重要性。我园也致力于为幼儿提供自然、开放、多元化的空间，让他们可以在这里捕捉到大自然的气息，感受人与自然、人与人和谐相处的乐趣。

1. 空间的层次

我们穿过园所大门，映入眼帘的是开阔的活动区，灰黑色的水泥砖与青绿色的草地相辉映，由浅入深，由硬至软的过渡，给幼儿视觉和触觉多方位不同的感官体验。

青石板到草地的过渡

除此之外，户外环境根据功能划分为活动区、沙水区、大型玩具区、体育器械区、种植区、饲养角等。

它们纵横交错，互相联结却又互不干扰，既满足了幼儿成长发展多方面的需求，也让幼儿园的户外环境在空间上有着丰富多彩的呈现方式。

草木深处的大型玩具

错落有致的玩具伫立在沙池上

2. 色彩的层次

色彩对幼儿心理和行为活动有一定的刺激作用，某些特殊的颜色也会带来特别的效果。像橙黄色、红色都会刺激幼儿的感官，让他们兴奋。像蓝色可以令人情绪平稳、安静，绿色让人舒心。园区的教学楼是以白、灰为主色调的建筑，橙色作为点缀格外显眼，再加上绿色的藤蔓附着其上，整体让人感觉沉稳严肃而不失活泼，有益于促进幼儿在户外更好地开展活动。

踏进教学楼，楼道处可见五彩斑斓的方块设计，犹如一个个跳跃的琴键，仿佛正在谱写一段奇妙的启蒙乐章。冷暖色调的互补搭配，让整个空间分外灵动，动静结合，激发了幼儿无限的想象力和创造力，帮助幼儿更快地

层·空间

融入幼儿园的一日生活。

为了避免楼梯间因为层高太高过于空旷和单调，教师别出心裁地将传统的中国元素融入进来。墙面上展示着镶嵌好的剪纸工艺作品，精致而生动；天花板与楼梯扶手间铺开了一张用麻绳手工编织的网，网洞里镶嵌着幼儿自己涂鸦的透明塑料片，在灯光的照射下折射出彩虹色的斑影，像极了上海老洋房的琉璃窗。幼儿在上下楼梯的时候仿佛置身于五彩斑驳的艺术长廊，感受着传统文化的氛围，整个空间也变得丰富且更有层次了。

五彩斑斓的方块设计激发幼儿无限想象

3. 材料的层次

我们置身户外，还会发现诸多有着浓浓中国风的细节。所及之处、所见之物都是中国古典园林艺术的缩影。园区采用了"石""水""木"三种不一样的元素构建了层次分明的中式园林景象。

（石）门壁——半圆形的门壁矗立在教学楼的一侧，在强烈的阳光下会出现多样的光影变化。日出、日中、日落，幼儿趴在一侧，好奇地探出小脑袋观察着远处。门壁就如同一双发现美的眼睛，以小见大，一念之间可以一花一世界。

青砖墙分隔出的不同空间

　　（水）水景——"庭树不知人去尽，秋春还放旧时华。多情难有池中鲤，犹为离人护落花。"水是园林中一道难以抗拒的柔和之美。废旧的小船，转动的水车，潺潺的流水声，水上浮着翠绿植物，花叶之下小鱼嬉戏玩耍，更是让幼儿园多了份灵动与情趣。

悠悠小船流水清

　　（木）幽径——"曲径通幽处，禅房花木深。"防腐木构成的栈道、青石砖铺成的小路，都无声无息地吸引着幼儿去探索，冒险的路上又会遇见哪些不一样的风景呢？

木道曲径通幽处

二、室内环境

（一）空间的层次

从狭义的角度来说，幼儿园环境通常是指幼儿园班级的室内环境。班级的室内空间是幼儿生活、学习和游戏的主要场所，它是有生命的。空间设计就是班级教师结合班级幼儿的年龄及发展特点，对空间的使用进行划分，再逐步进行创设，使其实现功能性的同时也根据自己的创意灵感进行小范围的创新。

我们也可以把班级的室内环境按照立体空间初步划分为"海""陆""空"三大类。

室内"海""陆""空"

"海"对应的就是区域，是幼儿可以畅游的地方。"海"的东西要完整，顾及发展的方方面面，是幼儿可以直接互动的。

娃娃家布置得错落有致

"陆"对应的就是主题墙，是幼儿可以探究与表达的地方，需要呈现在幼儿身高范围之内，最好在1.2米以下。

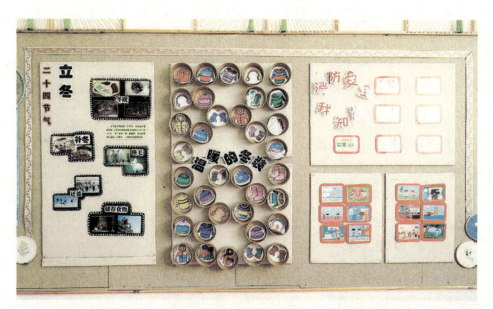

满足探索和表达的主题墙

"空"对应的则是墙饰和吊饰，是幼儿可以遥望和想象的地方，所以主要用来固定主题环境和班级特色，激发幼儿的学习兴趣。

让"空中"充满想象色彩

室内整体空间密度的高低会给幼儿带来很深的影响。高密度会增加压力、攻击性行为、破坏性行为和社会抽离现象，并降低积极的社会互动、儿童的成就和注意力。因此，我们在进行室内空间规划的时候首要关注的就是密度问题。

首先，我们用断舍离的方式检测教室里所有的物品，搬走或者移除不需要的家具和物品。教室里应至少有三分之一到一半的空间不放任何家具，供幼儿游戏。

其次，在设计区域布局时，我们要重点考虑教室的固定特征（窗户、电源插座以及地面性质）、区域活动的动静性质。各个区域的活动相对独立而又开放，因此区域与区域之间需要保持一定的流通性，既互不干扰也能保持相互连接，通过共享相邻区域的材料使得游戏变得更加丰富，还可以结合实际情况设置属于本班的特色区域。教师应该精心设计各个区域所需的空间，观察其受幼儿喜爱程度以及使用的频率，进行灵活调整，避免出现拥挤的现象。班级教师可以通过限制所需的材料数量，控制受欢迎区域的人数；也可以通过增加低使用率区域的吸引力，来降低其他区域的密度；还可以设置可灵活移动的区域间隔，适时调整区域的大小。

区域的数量和种类因幼儿的年龄和发展特点会有所不同，一般一个班级需要设置5～8个区域。除了常见的区域，教师可以设置与课程教学相关的主题区域。

再次，教室空间有限的使用区域也可能导致密度问题，最好能让教室里的空间被多功能地使用。

最后，教师要注意避免在墙上或者天花板上悬挂太多的物件。当墙上或者天花板挂满物体时，即使是有用的物品，也会给人造成视觉轰炸的感觉，带来视觉上的凌乱感。这样在空间密度也会给幼儿带来不适感，甚至还会影响室内的采光。

（二）色彩的层次

色彩，对幼儿的心理健康与个性发展意义重大，眼睛是幼儿认识世界的窗户，颜色是组成世界的重要元素。澳大利亚心理学家维尔纳的实验证明，儿童，特别是学龄前儿童，对于事物的认识、辨别、选择多是根据对视觉有强烈感染力的色彩进行的。可见，色彩在幼儿园环境创设中占有何等重要的位置。

我园室内装修以及家具的主色调以原木色为主，视觉上给人一种清新自然的感觉。若不加以其他色彩点缀，则过于单调乏味，缺乏层次感。于是班级教师结合幼儿年龄特点及班级特色，以独具传统元素的作品、工艺品等为载体，将整个室内环境点缀得温馨淡雅、古香古色。

1. 注重搭配，和谐融入

幼儿天真活泼，喜欢高纯度、鲜艳、对比强烈的色彩。缤纷的色彩可以给幼儿心理上积极的暗示，对幼儿良好的性格和习惯的形成都是有促进作用的。有的教师过分追求局部的"五彩斑斓"，导致整个环境看上去色彩非常凌乱，对比过于强烈，反而造成了视觉上的"色彩污染"，适得其反。还有的教师在环境创设的时候往往没有考虑到局部与整体的搭配，只重视了整体色彩效果，而对于细节上的色彩选用和周围环境的色彩整合不够重视，让人觉得极不和谐，色彩也无法自然地融入周围环境的色彩氛围中去。这种不和谐的色彩环境就会给幼儿的身心健康带来消极的影响。

2. 富有童趣，了解需求

幼儿的天性就是爱玩。幼儿园的教育都是寓教于乐的，幼儿是在游戏中学习与成长起来的。在进行幼儿园环境色彩设计的时候，班级教师不仅需要考虑到幼儿的学习与发展，还需要了解幼儿对于色彩的特殊身心需求。灵动的、童趣的色彩空间都能更好地与幼儿产生互动，激发幼儿的兴趣。但是如果长期处于色彩单调呆板的环境中，幼儿会觉得毫无趣味可言，更不用说激起幼儿探索和学习的意愿了。不同的色调也具有不同的功能性，对幼儿有着不同的影响。心理学家很早就发现了颜色对人心理活动的调节作用。一般来说，红色容易使人兴奋，蓝色容易让人安静，绿色容易使人具有活力。班级教师在进行环境创设的时候，可以考虑颜色的功能性与空间属性的对应，确定最终采用的配色方案。当然，这也要求我们教师对于儿童色彩心理学等专业知识有更深入的研究。

沐欣谷沿梯而上的孔雀装饰

（三）材料的层次

1. 区域材料

区域的操作材料是幼儿园区域活动环境创设的一个重要组成部分，是区域游戏开展的物质基础。幼儿的思维是由低级向高级、由直观到抽象逐步发展的。幼儿之间的发展存在着差异，为适应各阶段幼儿不同的思维水平，班级教师除了不断替换和更新材料外，更要注重提供有层次性或递进性的材料。层次性体现在根据同一目标的不同层次的要求，提供难度不同的材料，以适应不同发展水平的幼儿。例如，蒙氏生活区的衣饰框，用来锻炼幼儿的生活自理能力。小班的幼儿主要是进行魔术贴、拉拉链、按扣的操作；中班则可以进行扣纽扣、结盘扣等相对复杂的操作；大班则可以进一步加强手部动作的练习，进行系蝴蝶结、系皮带等难度更大的操作。虽然都是锻炼手部精细动作的灵敏性和协调性，但是因为每个年龄段幼儿能力不同，每个幼儿之间也会存在着差异，所以需要循序渐进地调整活动的难易程度，层层递进地提供相应的材料。

2. 材料的层次

装饰材料因为材质不同，给人的感觉也是不一样的。室内空间材质软硬的感觉直接影响人的心理，且对室内空间的表情特征起着重要作用。软性材质，使空间更柔和、轻松，更有亲和力；硬性材质，则会营造出庄重、严肃、沉稳的空间氛围。若要打造温馨舒适的空间，教师则需要适度地增加软性材质；反之，则需要选用硬性材质。

软装饰是将幼儿园与家庭环境联系在一起的一个重要因素。桌布、窗帘、悬挂物、地毯、床垫、家具、靠枕、绿植花卉等都是软装饰。软装饰在营造一个温馨、舒适、可爱的环境时，起着至关重要的作用。例如，我们班的幼儿非常喜欢在工作毯上进行蒙氏工作，柔软的地毯不仅可以保护教（玩）具因操作不慎掉落造成的损害，还可以减少噪音。餐后活动时，幼儿喜欢选择脱了鞋子坐在地毯上看书，他们在享受阅读的同时也体验了柔软的感觉。

《幼儿园教育指导纲要（试行）》提出：幼儿园应为幼儿提供健康、丰富的生活和活动环境，满足他们多方面发展的需要，使他们在快乐的童年生活中获得有益于身心发展的经验。环境对幼儿的成长与发展有着潜移默化的作用，是一种"无声"的教学方式。如何创造更加丰富、更具层次的环境，让其在幼儿园的教育教学中发挥更大的作用和价值，也将是我们一直不断探索和研究的课题。

承·精品

林少琼　叶虹

九秋风露越窑开，夺得千峰翠色来。

——陆龟蒙《秘色越器》

随着社会的发展，国家、社会对学前教育重视程度不断提高，在这样的社会氛围影响下，家长对幼儿的教育也越来越重视。在幼儿园教育活动中，环境作为一种"隐性课程"，在开发幼儿智力、促进幼儿个性发展方面，越来越引起广大幼儿教育工作者的重视。而作为环境中一分子的软装设计在幼儿园室内空间中起着重要作用，它不仅可以烘托空间氛围，还可以促进幼儿的身心健康发展。在众多的软装材料中，精致的工艺品更能为室内空间以及对幼儿的教育起到画龙点睛的作用。

一、在幼儿园常用到的工艺品

（一）陶瓷

中国是瓷器的故乡，瓷器的发明是中华民族对世界文明的伟大贡献，在英文中"瓷器"（china）一词已成为"中国"的代名词。瓷器是中国传统文化艺术的重要组成部分，是中国的代表，更是中国文化与中国传统的载体与表现形式。它通常具有双重性质：作为物质产品，它反映着一定时代、一定社会的物质和文化的生产水平；作为精神产品，它的视觉形象（造型、色彩、装饰）又体现了一定时代的审美观。

瓷瓶散发着古朴的
艺术气息

《3～6岁儿童学习与发展指南》提出：教师应最大限度地支持和满足幼儿通过直接感知、实际操作和亲身体验获取经验的需要。教师将陶瓷艺术运用于幼儿园室内环境之中，不仅能够增添园所环境艺术的文化品质和人文历史精神内涵，满足公共环境的文化需求，还能满足幼儿通过直接触摸、亲身体验获取关于瓷器经验的需求。

陶瓷制品不仅美观，而且其中还蕴藏着浓浓的文化气息。在布置班级环境的过程中，我园教师将陶瓷制品摆放在教室里合理的位置，在日常生活中，幼儿通过触摸陶瓷质感，观看陶瓷花纹，闻陶土气息，听敲击瓷器的清音，初步了解陶瓷制品的特性；在集体教学活动的过程中，教师通过对瓷器特性以及陶瓷文化的讲解，加深幼儿对陶瓷的认识。前期，幼儿已经对瓷器花纹有了初步的了解，因此在美工区中投放的青花瓷花纹设计的活动深受幼儿的喜爱。除此之外，为了让幼儿体验陶瓷制作的过程，美工区还投放了大量的超轻黏土材料，让幼儿在动手的过程中体验陶瓷文化的魅力。

（二）编结与编织品

编结，古代称"络子"，也就是用线或绳编织出由各种花样组成的饰物或网袋。民间的绳编艺术花样繁多，光衣服的纽扣就有"盘长""八吉""百吉"等多种样式。这些称呼，不仅能让人在脑海中描绘出它盘结回绕的优美造型，也在谐音上赋予了吉祥的寓意。除了用绳、线编织出各种花样的网袋或饰物，竹、柳、草、棕、藤编艺

润馨谷老师手工编织的花篮网袋

承·精品

手工编织的"一帘幽梦"

术就更是源远流长，品种多样。

编结方式、技巧、花样、材料繁多，具有鲜明的民间艺术特色。幼儿通过穿插、缠绕、打结的方式将自己在现实生活中观察到的事物编织出充满特色又有童趣的作品，这不仅可以锻炼幼儿的思维能力，对幼儿手眼协调能力的发展更是大有益处。

为了让幼儿了解中国的编织艺术，首先教师在班级环境创设时，用编织品对教室进行装饰，如在幼儿的桌子上摆放由麻绳缠绕的花瓶、在栏杆处悬挂用麻线编织的网袋等，让幼儿进行触摸，初步感受；其次这些编织品也能够起到装饰及收纳的作用。

除此之外，编织品在空间的隔断上也能起到一个很好的作用，比如我园的润馨谷，班级区域划分好之后，润馨谷的老师运用线编的手工艺为娃娃家编制了门帘，这个门帘不仅对空间起到了划分作用，还给娃娃家带来了家的感觉，使得整个娃娃家充满了温馨气息，让幼儿感受到幼儿园的温暖，幼儿的安全感、信赖感也就在无形当中逐渐形成了。

（三）金属工艺品

用金、银、铜、铁、锡等金属材料，或以金属材料为主，辅以其他材料，加工制作而成的工艺品，具有厚重、雄浑、华贵、典雅、精细的风格。

教师在泽歆谷的角色扮演区中摆放了大量的中国传统乐器，如金属编钟、琵琶、月琴、笛子、古筝、二胡等，特别是金属编钟受到了很多幼儿的喜爱。根据幼儿的这一兴趣点，班级教师开展了关于金属编钟的相关活动，让环境为班级活动开展提供了便利条件。

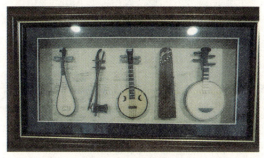

泽歆谷古典乐器摆件

泽歆谷编钟摆件

（四）少数民族工艺品

我国少数民族的手工艺品除了具有深厚的历史，还具有浓厚的地方特色，成为反映当地人民或民族的生活风情、社交礼仪、习俗特色的一面镜子。民族手工艺品是传统文化的一种体现，在过去它们满足了人们的物质需要，而在当下它们则是带给人们美的享受。

在众多的民族工艺品中，傣族工艺品以其热情、亲切的特色给我们留下了深刻的印象。傣族人人能歌善舞，妇女一般都长得身材苗条，面目清纯娇美，看上去亭亭玉立、仪态万方，因此素有"金孔雀"的美称。以傣族风格为主的沐欣谷，根据傣族的风格特点，在教室内的书包柜上摆放了傣族少女金属摆件，每天幼儿在取放书包的同时还能观赏傣族少女婀娜多姿的体态。

沐欣谷傣族风情的摆件与挂毯

音乐表演区的墙壁上挂了三幅傣族人翩翩起舞的画像，区域中还投放了具有民族特色的傣族服饰、头饰，以及傣族的乐器葫芦丝，幼儿在这个区域中能够体会到傣族的服饰、音乐及舞蹈，通过多种感官体验傣族文化，感受不同的民族风情。

沐欣谷民族娃娃和民族服饰相辅相成

（五）刺绣

刺绣是针线在织物上绣制的各种装饰图案的总称。它是用针和线把人的设计和制作添加在织物上的一种艺术。刺绣是中国民间传统手工艺之一，在中国至少有两三千年历史。

刺绣活动也是幼儿手工制作活动的一种，是促进幼儿身心发展的重要手段之一。幼儿的小肌肉群和手眼协调能力在学习刺绣的活动中得到发展；刺绣也是一种需要高度集中注意力的活动，因此通过学习刺绣幼儿的专注力能够得到提高。当刺绣作品完成时，幼儿的成就感和自信心也会随之提高。此外，刺绣中色彩的搭配也十分重要，在绣图设计、选择和完成作品的过程中，幼儿的审美能力和创造意识也能够得到培养。著名的苏联教育家苏霍姆林斯基曾说："儿童的智力在他的手指尖上。"这说明了手指运动有利于幼儿智力的发展，刺绣活动正是这样一种以手指运动为特征的手工活动。

润馨谷的主题墙展示了十二生肖刺绣作品，教师通过刺绣将十二生肖表现得活灵活现，让幼儿初步感受刺绣的魅力，从而使幼儿对刺绣产生兴趣。同时在美工区教师投放刺绣材料及工具，让幼儿通过操作获取有关刺绣的直接经验。

润馨谷细致精美的十二生肖刺绣

幼儿用安全塑料绣针感受刺绣的乐趣

（六）纸伞

作为经久耐用的中国传统雨具，油纸伞在我国使用历史已经有一千多

承·精品

年。实际上，油纸伞是很好用的雨伞，相比尼龙钢架伞（俗称"洋伞"），油纸伞更加经久耐用，也更加抗风。只是它在存放方面需要注意，如不要放在过于干燥的地方等。油纸伞雅致天成的美感，是尼龙钢架伞这类工业品无法比拟的。

油纸伞的制作运用的是我国一种古老的制伞工艺，虽然现在油纸伞已经不是我们日常用的伞了，但作为一种传统工艺品它依然存在。为了让幼儿了解这项传统工艺，懂得这种传统工艺的宝贵，行云林的教师在布置班级环境的过程中，将纸伞相连，作为隔断，不仅加强了班级区域之间的划分，还能够让幼儿时常受到美的事物的熏陶。

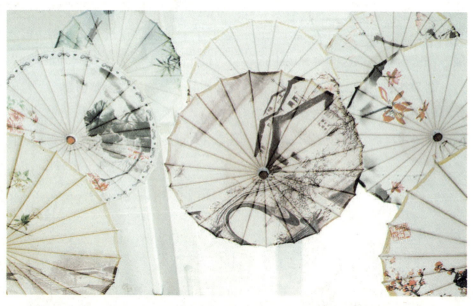

悠悠纸伞梦江南

美工区中白色的油纸伞以及多彩的颜料更是受到幼儿的欢迎，在自主选择区域活动的时段，三五幼儿选好自己喜欢的颜色，坐在椅子上为空白的油纸伞添上色彩，无形中幼儿美的欣赏能力及色彩搭配能力都得到了提升。

（七）剪纸

中国剪纸通常用于装点生活或配合节日民俗活动，是具有广泛群众基础的一种民间艺术，与各族人民的社会生活相交融，是各种民俗活动的重要组成部分。

剪纸的视觉形象和造型，不仅蕴含了丰富的历史文化，还表达了广大民众的社会认知、生活理想和审美情趣等，具有认知、娱乐等多方面的社会价值。在手工艺人的手中，剪纸处处体现了民众积极向上、向善、乐天、达观的生活态度，处处都体现了人们对美好生活的向往和追求。幼儿在欣赏这些作品时，也能体会到他们在制作过程中的喜悦，受其精神的感染。

（八）扇子

扇子是人们的日常生活用品，也是装饰品。它以其价廉物美、方便实用、雅俗共赏而深受人们的喜爱。扇子分为折扇、竹扇、绢扇、羽扇、葵扇、麦秆扇等。除了实用性外，作为一种艺术品，它汇集编织、雕刻、书画、刺绣等工艺技巧，也可作为戏曲、舞蹈、曲艺等表演的道具。

欣赏能力是幼儿在成长过程中思维发展的表现。其中，在幼儿园日常教学中对民间工艺传统进行开发和利用，能够在一定程度上促进其欣赏能力的提高。例如，在行云林的教室中，教师将中国传统工艺团扇装饰于窗边以及楼梯的栏杆上，使幼儿能够近距离接触团扇。在欣赏团扇外在美的同时，幼儿还能够把所见所感与实际体验融合在一起，深入探究团扇丰富的文化内涵，让幼儿发现、感受传统工艺的美之所在，从而潜移默化地培养幼儿的欣赏能力并使之得到提高。

二、工艺品的选择

（一）安全的原则

《幼儿园教育指导纲要（试行）》指出："幼儿园必须把保护幼儿的生命和促进幼儿健康放在工作首位。"《3～6岁儿童学习与发展指南》建议要为幼儿"创设安全的生活环境，提供必要的保护措施"。让每个入园的幼儿幸福、快乐、健康是广大家长和教师的共同心愿。但由于幼儿年纪小，安全意识薄弱，容易出现意外，并且处于这个时期的幼儿天性活泼、生性好动，对于所处的环境处于一种好奇的状态，什么东西都想看一看、摸一摸，加之其身体协调性较差，自我保护意识及能力都较弱，容易使自己陷于危险的状况之中。因此，教师要为幼儿创设安全的环境。在工艺品的选择上，首先应选取做工精细、无锋利边角的工艺品。幼儿天性活泼，喜欢用自己的双手触碰世间万物，感受探索的乐趣，且幼儿天生具有自己的小宇宙，但需要通过自己的探索才能爆发，因而在选择上应首选无刺激性气味、无锋利边角的精品。其次是摆放的位置，易碎的工艺品在选取摆放位置时，避免选取过高的位置，并做好相应的固定措施，避免幼儿和成人无意间触碰掉落引发安全问题。

（二）符合班级的主题风格

幼儿园教室的装饰风格就像女孩子的衣服一样，可以很美，可以多变。在保证教育性和功能性的同时，环创的美感同样重要，就像衣服搭配得当，会让人感到更舒适愉悦一样。在众多环创风格之中，中式风格也是幼儿园常见的一种环境创设风格，它充满变化，因为中国在不同的时期有不同的文化面貌，布置起来自然也是各有特色。

（三）服务课程的原则

再漂亮的外部环境，如果不能为课程服务就变成了"花拳绣腿"，这一点我们要注意的是它的互动性、游戏性、实用性、展示性、动态性等。通过幼儿的参与，教师将教育目标和内容物化，把幼儿在幼儿园活动中要获得的经验、知识、感受蕴含在环境之中，如主题墙、智慧树、比身高、情绪晴雨表、季节节日展示角或展示台等。

教师将中国优秀传统工艺品带进幼儿生活学习的环境，让幼儿亲身感受、领略、体验作为中国人的自豪感，同时也从小培养他们继承和发展中国优秀传统文化的胸怀和能力。

家园·合

陈文苑

乘众人之智，则无不任也；用众人之力，则无不胜也。

——刘安《淮南子·主术训》

　　"一花独放不是春，百花齐放春满园。"这是习近平总书记在博鳌亚洲论坛2013年年会上的主旨演讲《共同创造亚洲和世界的美好未来》中所提及的一句话，其引用于《古今贤文》，意指各国在谋求自身发展中也需要紧密联系、共同合作，不断扩大共同利益汇合点，促进世界各国的共同发展，强调了"合"的重要性。同样，在面对幼儿的教育中，唯有家园双方共同合作，通过共同的努力才能发挥最大的作用，促进每位幼儿全面、健康地成长。

　　《幼儿园教育指导纲要》中指出："家庭是幼儿园重要的合作伙伴。应本着尊重、平等、合作的原则，争取家长的理解、支持和主动参与，并积极支持、帮助家长提高教育能力。"幼儿的发展离不开家园的友好合作，幼儿园的环境创设也少不了家庭的积极参与。作为幼儿一日活动的重要场所，幼儿园的环境并不是孤立的，是与家庭紧密相连的。因此，幼儿园的环境创设，需注重充分调动家庭资源，家园合力携手，才能更好地发挥环境作为"第三位教师"的积极作用。

　　此外，维果斯基的社会文化理论也强调了幼儿与环境的相互作用，更强调了社会文化以及成人在幼儿发展中的"鹰架"作用。幼儿园的环境创设注重"合"的重要性，家园携手，更好地为幼儿搭建适宜其成长的"脚手架"。

在我园创设园内环境的过程中，家长朋友们都极力配合，为我们搜集、提供了各方面的资源，同时也进一步促进了幼儿在环境创设当中的积极主动性，让幼儿在这个过程中不断地学习与成长，这就是"合"的魅力所在。

一、合之贵——优化环境，尽显别样雅致

家园合创环境中，请家庭搜集一些物质资源，如优美的摆件、挂件、与班级风格相近的饰品等，是使用频率较高的一种形式。

在这个过程中，幼儿和家长有的是通过在家庭中搜集闲置、合适的物品，有的则通过在亲子外出旅游时寻找精致的、与班级风格相配的小摆件与装饰物品。这个过程不仅仅是幼儿发现美、感受美的过程，还是学习如何挑选适合的物品装饰自己的班级教室、如何创造美的过程，更是在家长的引导下学习不同饰品内在赋予的文化意义的过程，由内而外地了解这一份份别样的雅致。

师幼共同打造的娃娃家，温馨雅致

由于各班风格不同，幼儿和家长所搜集到的物品也各具韵味。

小小的梳妆台上摆放着妈妈的"化妆品"，幼儿都喜欢拿着它们一边捣

鼓，一边对着镜子梳妆打扮。梳妆打扮后，幼儿还可以拿起小圆桌上的电话机，邀请小伙伴们来"家"中做客。

厨房、沙发、茶几，都是家的温暖

架子上摆放的"食物"与"餐具"，墙上悬挂的饰品与照片，都让这个"家"变得格外温馨。本来分散在各个家庭的爱，都汇聚在了这里，融入这个虽小却温暖的娃娃家里。

我们推开教室的门，映入眼帘的便是这番婀娜多姿的景象，连花瓶也别具特色，傣族风情的气息也迎面而来。

这个充满民族特色的表演区里，也摆放着幼儿和家长搜集到的摆件、乐器等。幼儿通过民族娃娃的摆件直观地观赏各民族不同特色的服饰，也通过演奏不同的乐器感受各种悦耳动听的民族音乐。

民族娃娃是孩子旅游的故事

各种精致的乐器小摆件，美化环境的同时，也让幼儿认识到平时接触不多的中华传统乐器。

十二生肖摆件的故事

　　放置在书包柜上的十二生肖摆件，显露出别样的陶艺美，也在潜移默化地与幼儿互动、"交流"。

每一个摆件都是孩子的学习内容

　　我们和幼儿一起将他们从家里带来的茶具放在托盘或小小的置物架上，更显别致。

雅致的泡茶一角

　　铺上一张禅意桌旗，摆上幼儿精心放置的茶具，这么雅致又温馨的茶艺区，让人忍不住想进去泡一杯茶来细细品尝。

　　轻嗅茶的芳香，细品茶的清韵，幼儿在这个过程中收获茶艺的知识，学习泡茶、品茶的艺术。

幼儿从家里带来的盆栽和他们一起成长

　　幼儿从家里带来的盆栽在阳光的照耀下闪闪发光，散发着勃勃生机，陪伴着幼儿成长。

家园合创环境的价值，不在于搜集了多少摆件或物品，而在于幼儿通过它们获取了学习经验，学习怎么摆放能更加精致，怎么放置能更美化环境，也从每个物品蕴含的价值中获取知识。

二、合之贵——笔墨飘香，传承园所文化

在家园合创环境中，除了邀请幼儿和家长搜集一些摆件等资源外，还邀请了一些家长通过"笔墨飘香"的方式优化我们幼儿园的环境。

家长书写的《三字经》经典故事

家长书写的《弟子规》

笔墨下的文字、描绘的图画，是家长对我们园所文化的理解与认同，也为幼儿营造了一个充满中华传统文化的学习氛围。幼儿虽不识字，但透过这些字画，他们能在这个环境当中耳濡目染、潜移默化地去感受与学习。

笔墨飘香的"三味书屋"

　　选一本心爱的图书，盘坐在笔墨飘香的三味书屋里，怎一番惬意了得！

家长绘制的水墨画让孩子爱上国画

　　一簇牡丹跃然纸上，如此优美而不失大气。幼儿也喜欢待在这充满笔墨香气的书法区里，留下他们的墨迹。

书画熏陶的幼儿泼墨纸上

墨竹道品质

此外，墙上贴的笔墨字画（家长作品）也寄托了家长与教师对幼儿的美好祝愿："愿你是永远奔腾的千里马""愿你如竹子般具有君子之风"……

幼儿的发展离不开家园的共同教育，愿每一个幼儿都能自然绽放，这也是我们园所倡导的"和而不同"文化。

三、合之贵——亲近自然，争当环创小达人

美丽的幼儿园环境少不了充满生机的大自然，幼儿园的花花草草也是幼儿最亲近的朋友，它们与幼儿一同在这里生根、发芽，互相陪伴，一同成长。

在教室里，除了植物角里的小盆栽，还有插在一个个精致花瓶里的鲜花，这些都是幼儿每周轮流带过来的。

新的一周，幼儿和家长一起去花市挑选自己喜爱的花，不仅认识了各种不同的花卉，更是在挑选过程中感受为班级增添一道美丽风景线的骄傲与自豪。在教师的引导下，幼儿和小伙伴们一同拆开包装，小心翼翼地修剪枝叶，根据不同的花瓶花色进行插花。幼儿都非常喜欢这份工作，一个个都变成了插花小能手。

幼儿选花插花为班级添美

精心搭配的插花艺术，让每一束鲜花都散发着魅力，让班上的每个角落都充满着爱。

幼儿亲自设计的插花作品

在阳光的照耀下，这些花如同幼儿们的笑脸，格外明媚。

谢谢家长的配合，让花香飘散在教室的每个角落，让幼儿能够在充满花香的环境当中游戏、学习与成长。

户外还有幼儿喜欢的花草树木、种植园的蔬菜，也有那一天比一天高的果树。

植树节这天，我们邀请了家长到幼儿园与幼儿来一场特别的种植活动，为我们幼儿园的环境增添更多的绿意与生机。这个过程中，家长一个比一个能干，搬树苗、挖坑、翻土、栽植、回填……每个种植步骤都有条不紊，每个家长都非常积极。

栽种果树

都说行动是最好的教育，看到这么能干的爸爸妈妈、爷爷奶奶，幼儿也拿起了小铲子和小水壶，成为一个个种植小能手。

幼儿齐心协力用小水壶、小水桶为小树浇水

幼儿认真倾听家长科普种植知识

　　在种植的过程中，家长还不忘和幼儿实时科普种植小常识，亲身示范怎么翻土、浇水才能让种子更好地吸收养分、快快成长。

苗壮成长的番薯

这么美丽又富有生机的幼儿园环境少不了幼儿和家长的精心创设，种植园的蔬菜瓜果也因为有了这群种植能手的悉心照顾，才能苗壮成长。

幼儿会定时来到种植园浇水

因为有家长的支持与配合，幼儿都成了班级环境创设的主人。在这个过程中，他们一个个都变成了环创小达人，为幼儿园这个大家庭创设更加美好又温馨的环境。同时，他们也不断地增强自己的主人翁意识，更愿意去与人分享这番美丽，更主动地去保护幼儿园的环境，保护每一寸生长的草木和每一朵绽放的花。

归·家的感觉

黄 琴

莫笑农家腊酒浑，丰年留客足鸡豚。

山重水复疑无路，柳暗花明又一村。

箫鼓追随春社近，衣冠简朴古风存。

从今若许闲乘月，拄杖无时夜叩门。

——陆游《游山西村》

意大利教育家蒙台梭利提出："对于幼儿生理和心理的正常发展来说，准备一个适宜的环境是十分重要的，成人应专门设置能满足幼儿各种内在需要的环境。"一个适宜的环境，实际上是为幼儿开拓了一条自然的生活道路。她提倡的有准备的环境，是一个符合幼儿需要的真实环境，一个为幼儿身心发展提供所需要的活动与工作的环境，一个充满自由、充满爱、充满快乐以及充满家的感觉的温馨环境。为此，我们园所从安全健康、自由与爱、生活经验、自然生态以及文化熏陶五个方面探究并创设幼儿园之"家"，进一步促进幼儿身心方面的健康成长。

一、安全健康的"家"

幼儿园的环境是指幼儿身心和谐发展所必须具备的一切物质条件和精神条件的总和，物质条件是保证幼儿安全健康的首要条件。幼儿园最基本的保障是安全，只有在幼儿安全的基础上，才能谈到如何教育、谈到教育的多种模式，只有安全，幼儿才能健康地在幼儿园成长。

我园开设初期，采购人员在采购幼儿园各项配套桌椅、材料物品时都会遵循三个原则：选材天然环保、桌椅圆角设计、桌椅质量可靠。在选材方面，采购人员基本选择取自天然木材、健康环保的实木，符合标准、无毒无味、绿色安全的环保漆喷涂。例如在选择幼儿桌椅的时候，不光看是否有可爱的外形，采购人员还会注意产品设计是否安全、材质是否环保；桌椅我们还会要求采用圆角处理，避免幼儿受到伤害；桌面打磨光滑，保障幼儿在活动室活动时更加安全。因为幼儿天性好动的特点，他们在活动室跑跳是很正常的事情，一不小心他们就会撞到桌角，如果桌角设计得比较尖锐，就会容易伤害幼儿。圆角的设计比较平滑，就可以减少碰撞的伤害。桌椅材质的选择也是经过仔细斟酌的，塑料做的桌椅虽然轻，但是不耐用、易破裂。因此我园所选用的实木桌椅设计适宜、材质好且耐用。

幼儿园每一处都为幼儿精心设计

在幼儿园整体环境色彩方面，我们追求和谐以及统一的色调环境。上墙的图画我们选择比较接近自然的色彩，这样的色彩能让幼儿产生丰富的想象。但如果过分强调色彩的丰富，就易造成幼儿视觉混乱，使幼儿情绪烦躁、注意力分散，甚至会影响幼儿心情，让他们在环境中产生不安感。

《幼儿园教育指导纲要（试行）》中明确指出了"环境是重要的教育资源，应通过环境的创设和利用，有效地促进幼儿发展。"在户外环境规划时，我们首先考虑的是幼儿园的光照是否符合这一标准。幼儿在户外活动时可以充分进行阳光浴，这是户外活动对于幼儿健康成长的意义之一。《托儿所、幼儿园建筑设计规范》规定，幼儿园"应建设在光照充足、交通方便、场地平整、干燥、排水通畅、环境优美、基础设施完善的地段"。在这个标准之上，我们按照室外活动场地应有1/2以上的面积在标准建筑日照阴影线之外来规划。另外，户外环境的自然性很大程度上取决于绿化，绿化也是幼儿园美化的基础和前提，绿化用的花草树木也为幼儿的科学探究提供了物质基础。

《托儿所、幼儿园建筑设计规范》规定："托儿所、幼儿园场地内绿化率不应小于30%，宜集中设置绿化用地。"我园的种植园就是集中绿化用地，不仅能净化环境，改善小气候，还起到了美化、优化环境的作用，进一步陶冶幼儿情操、拓展幼儿思维。

绿意盎然的户外环境

归·家的感觉

0～6岁是幼儿各种心理功能形成的时期，也是幼儿形成安全感和乐观态度的重要阶段。因此在物质基础达到的情况下，营造安全、健康的环境，才能让幼儿形成精神上的安全感，让幼儿在幼儿园之"家"安全、健康地成长。

二、充满爱和自由的"家"

我园环境创设的主题是在爱的教育下，让传统文化扎根于幼儿幼小的心灵，幼儿在环境中展现爱祖国、爱家庭、爱幼儿园、爱爸爸妈妈、爱自己、爱大自然、爱家乡等情感。因此将班级的环境氛围打造出有爱、有家的感觉的美好氛围，能使幼儿的生活更富有活力、富有生机，更能让他们感受到"家"的温暖！

首先，"家"是一个有私密性的地方，幼儿园环境也应该为幼儿提供独处的空间，独处空间的设立对部分缺乏安全感或具有攻击性的幼儿来说更为重要。独处空间可以使幼儿从喧闹中暂时抽离出来，享受片刻的安静。

私密空间的一角也是孩子游戏的"家"

对于刚入园的小班幼儿来说，独处空间的设置尤为必要。刚离开家庭进入幼儿园的他们，或多或少都有入园焦虑。当进入一个陌生的环境中时，他们需要时间去适应，而相对小的独处空间可以缓解他们的焦虑感。但独处空间的设置又不能太封闭，在保障空间相对私密性的基础上还要考虑安全性。另外，在环境中增添柔软的或有触摸感的物品，还会增强环境的舒适感。所以我园的每个小班都为幼儿设置了温馨的娃娃家，充分利用一些软装饰物品进行装饰，如：地毯、布艺沙发、各种软靠垫等，让幼儿能够在舒适的环境中放松心情。我们发现幼儿们特别喜欢玩娃娃家的游戏，有时，他们手中的一个娃娃就能给他们带来极大的快乐和满足，让他们在面对陌生的环境和陌生的群体时，内心能找到一丝安全感，不会觉得孤独和恐慌，从而有效地解决了幼儿的分离焦虑，让幼儿在慢慢适应新环境的同时，对幼儿园环境、教师与同伴产生了亲近感。

充满爱和自由的"家"，让幼儿学会爱人，享受被爱，充分体验爱与自由带给幼儿的力量，促使幼儿情绪稳定、乐观豁达。

三、温馨舒适的"家"

在娃娃家的环境创设上，我们力图再现家庭的真实生活场景，突出"家"的真实感。在这个小"家"，我们教师1∶1地复制了幼儿在家里的真实生活环境，幼儿可以模仿父母平时在家做各种事情的样子，从而实现自我满足。

真实还原的娃娃家

我们来说说小"家"里面的设置，并从幼儿的角度谈一谈小"家"对他们的学习与发展有什么作用。小"家"里面有与"家人"饭后喝茶聊天的小客厅，客厅里面有适合宝贝们的小桌椅和小沙发，小沙发上还摆满了他们从

自己家里带来的各种毛绒娃娃。客厅的一角还有一张他们最喜欢的小书桌，上面放着幼儿喜欢的图书。

书桌、花篮点缀下的阅读之家

　　每个小班的新生里面，都有哭得最凶的一个幼儿，当教师从妈妈手里接过来时，他总是会又踢又抓，无论教师说什么，他都不听，只会闭着眼睛一个劲儿地哭喊着"我要妈妈"。如果这时候抱着他来到娃娃家，让他观察娃娃家的玩具，幼儿看到那么多毛绒娃娃，甚至还有自己家里熟悉的娃娃时就会心动，就会忍不住想要去抱娃娃，这个时候教师可以鼓励他选一个自己喜欢的娃娃抱在手里，并引导他和娃娃说话聊天，排解想念之苦。教师也可以顺手拿起一本幼儿已经听妈妈读过很多次的图书，相信幼儿的情绪就会慢慢稳定下来，当然偶尔出现的小抽泣是无法避免的。活动室的墙面贴着幼儿入园前与家人拍的全家福，他们可以在想念家人时，来这里看看家人的照片，缓解一下焦虑情绪，这样就可以有效地减少幼儿大哭大闹。

家庭成员照片墙缓解幼儿入园情绪

刚开始进入娃娃家游戏的时候，幼儿都是抱着自己喜欢（或带来）的娃娃玩，不愿意与同伴分享。教师在游戏过程中，引导幼儿带领娃娃去认识新的朋友，让幼儿慢慢体验交换游戏带来的快乐，逐渐培养幼儿分享的意识。

客厅旁边是做可口饭菜的小厨房，小厨房里配备了各种仿真厨具、冰箱、漂亮的碗筷和勺子。《3～6岁儿童学习与发展指南》在幼儿游戏指导中提到：幼儿的游戏就是在模仿成人的活动，在模仿中幼儿发展自己的思维和手脑的协调能力。我们要创造这样的机会，促进幼儿各方面能力的发展。现在家里的成人大多以幼儿为中心，无视了幼儿应有的发展规律，使幼儿养成了饭来张口、

真实还原的温馨小厨房

衣来伸手的不良习惯。面对这样的情况，我们遵循该年龄段幼儿身心发展的规律，重视在游戏活动中的渗透教育，根据幼儿的兴趣为幼儿提供实践机会。小班幼儿正处在一个什么都想去尝试的关键时期，我们就要善于发现并提供相应的支持。通过娃娃家的小厨房，教师为幼儿展示如何做饭菜、如何喂娃娃吃饭、如何给娃娃穿脱衣服、扣纽扣等活动，让幼儿在不断游戏的过程中，学会这些生活技能。可以为幼儿提供不一样的勺子、叉子、筷子，还有不一样的食物，像面条、米粒、豆子等，让他们自己尝试用哪种工具吃哪种食物更合适。幼儿在不断尝试中学会了用不同工具喂娃娃吃不同的食物，也在这个过程中体验到了游戏的快乐，建立自我满足感和自信心，也有了较高的动手操作的热情。幼儿在游戏的操作中也潜移默化地获得了经验，比如学会了使用勺子，并且知道怎么控制不撒饭粒，还学会了如何穿脱裤子，等等。

睡房里面有"妈妈"每天上班前化妆的梳妆台，梳妆台上有妈妈用完的各种护肤品瓶子。在这个小家，幼儿可以学着妈妈在家梳妆打扮的样子，当美妆小达人。自己的"小宝贝儿"头发乱的时候，也给她扎个漂亮的发型，这样既锻炼了幼儿的手部精细动作，又让幼儿体验了当妈妈的辛苦，加深幼儿对妈妈的爱。梳妆台旁边是"小宝贝儿"累了可以休息的小床，幼儿学着妈妈的样子哄这些"小宝贝儿"睡觉、讲故事，仿佛感受到了妈妈就在身边。娃娃家也是玩角色扮演游戏的区域，在这里还涉及各种角色扮演和人际交往。幼儿根据自己的真实生活经验，扮演爸爸妈妈、教师同学甚至是其他角色，模仿他们的动作，给娃娃穿脱衣服和鞋袜、洗手洗脸、擦鼻涕、喂食等。在这样的角色扮演中，幼儿体会到了父母对他们的爱，内心也就自然地萌发了关爱他人的情感。

模仿妈妈梳妆打扮

温馨舒适的"家"让幼儿感受温暖与放松，体验亲情与友情的美好，促使幼儿身心健康发展。

四、拥抱自然的"家"

热爱自然，也是每个幼儿的天性，在大自然中生活，可以使幼儿心情舒畅。所以在进行幼儿园的环境创设时，我们应该尽可能地保持自然性和生活性。在材料选择上，我们选取了一些生活中常见的物品供幼儿操作，从而让他们体验保护环境的乐趣。如：室外的种植园地、室内的绿植角，让幼儿在与它们的直观接触中，逐步提高科学探究的能力。另外，"亲水"是幼儿的特性，在幼儿园户外设置玩沙、玩水区域，让幼儿在园内就能感受到周末与爸爸妈妈一起外出去沙滩时的快乐。

宽阔的沙池是孩子游戏的乐园

如前文所说，幼儿喜欢有一个单独的小空间，因为小空间对于幼儿来说极具安全感，也能满足他们私密活动的需求。小水池上的小木屋也是幼儿最喜欢的户外活动区域之一，是他们稚嫩心里的另一个"家"。他们同样可以在这个小木屋里继续进行角色扮演的游戏，也可以当作捉迷藏时的藏身空间，还可以和好朋友三五成群地坐在里面畅所欲言。

归·家的感觉

依树而建的小木屋

幼儿的生活是充满童趣和生机的，而一个充满童趣，充满生机的环境，就是幼儿所向往的。教师不仅在户外环境中为幼儿提供了一个养鱼池，在室内也特地为幼儿准备了养鱼区域。精美的鱼缸既给鱼儿营造了一个温馨的家，也完美结合了空间，是班级环境的灵魂体现师，更是"家人"共同的生活享受。

班级养鱼的过程中，幼儿可以近距离地接触水草、观赏鱼，游鱼戏石，尽在这小小的鱼缸之中，让幼儿享受回归自然的乐趣。同时，在给鱼儿投食，或逗鱼儿之时，幼儿的心情自然放松，疲劳也一下子就得到了缓解。更重要的是，在养鱼的过程中，教师可以引导幼儿制作他们的观察记录表并进行观察记录。在这个记录表上，幼儿可以记录鱼儿的生长环境，了解它们喜欢的环境是什么样的，是喜欢水温低还是喜欢水温高，在怎样的水温下会让它们生病；还可以记录鱼儿的食量，通过观察了解它们怎样吃鱼食，每天需要多少鱼食才不会多，而每次投食多少又能够刚刚好喂饱它们。养鱼一段时间后，幼儿再观察鱼儿的身体有没有变胖或是变长。幼儿还可以进行猜想：它们什么时候能生小宝宝，它们的体色有什么变化，等等。这就是在家庭生活中迁移过来的经验，这些观察也都是幼儿潜移默化的学习过程，而且是他们通过自主学习获得的宝贵经验。

拥抱自然的"家"让幼儿充满好奇与探究，教师利用"家"里的自然生态环境，促进幼儿科学探究的能力发展。

五、崇尚传统文化和人文教养的"家"

中华传统文化源远流长，中国更是礼仪之邦，那么，如何在幼儿园这个大家庭中传承优秀传统文化和礼仪呢？

现代家庭中精致生活的一部分是一家人喝茶聊天，一起体验中国茶文化的精髓。中国的茶文化具有浓厚的民族特色，作为开门七件事，柴米油盐酱醋茶之一，饮茶在中国古代是非常普遍的现象。它萌芽于唐，发源于宋，改革于明，极盛于清，因此中国茶文化源远流长，博大精深，不但包含物质文化，还包含深厚的精神文明。我园致力于发扬中国传统文化教育，所以在班级环境创设时，当然要融入中国茶文化，因此，很多班级设置了不同风格的茶艺区。

君子之交始于茶

茶艺是将礼仪、礼节等融为一体的艺术活动，它能使幼儿了解茶文化的基本知识，通过沏茶、赏茶、闻茶、饮茶、品茶来展现茶艺技能与文化的结合，在高雅有趣的茶艺活动中感受中国传统文化。在茶艺区设置初期，我们向家庭征集了适合的工夫茶茶具以及茶叶，这些茶具都是幼儿在

家里经常见到的，如果在幼儿园的茶艺区见到会让他们感觉更亲切，就像是在家品茶一样。茶艺技能和文化贯穿于幼儿落座的过程之中，贯穿于认识茶器的过程之中，贯穿于用心沏茶的过程之中，也贯穿于恭敬真诚敬茶的过程之中……

茶艺区的特点是让幼儿扮演小茶艺员，在泡茶的过程中学习茶礼。幼儿在学习茶艺时，首先要学习安静地观察教师的手法，然后尝试模仿，最后再自己独立动手操作，在这一系列的感受体验中，幼儿的专注力得到了提升。在手法之外，幼儿还能学习品茶礼仪，体会茶道礼仪之美，从而约束自己的行为。同时，在泡茶的过程中，幼儿要注意安全，对品茶的客人也要恭敬。幼儿从小学会正确的饮茶方式，以及要怀有对茶文化的敬畏之心，他们就能从内心感受到浓郁的中国传统文化，做一个敬畏生命、胸怀大志之人。

我们将传统文化和人文教养融入"家庭"，在一日活动中融入礼仪、礼节、礼貌等教育，让幼儿从小知礼、学礼、懂礼、用礼，做好中华优秀传统文化的传承人。

连绵小屋是故乡

综上所述，安全、温馨、具有家的感觉的环境对幼儿的身心发展非常重要。幼儿园除了给予物质方面的环境布置，也应该注重给予幼儿精神环境。我园教师也都时刻保持良好的精神状态，因为积极、乐观的心态能感染幼儿，使幼儿保持情绪稳定。师幼关系和谐，同伴之间友好，班级氛围就充满爱，充满爱的环境自然就是幼儿心中向往的"家"，他们怎能不每天想"家"呢？

荣·自然环境

王春燕　黄玲玲

木欣欣以向荣，泉涓涓而始流。

——陶渊明《归去来兮辞》

　　"荣"，欣欣向荣，取草木茂盛之意，在陶渊明《归去来兮辞》中就有"木欣欣以向荣，泉涓涓而始流"之说。大自然从不言语，却能带给我们最安心的陪伴，人们亲近大自然、探索大自然，与大自然和谐共存。幼儿作为自然之子，通过与大自然的接触、互动来进行探索、思考、学习。自然教育理念最早起源于卢梭，他认为人所受教育的来源有三种，即受之于自然，或受之于人，或受之于事物。后人在继承其思想的基础上提出教育要适应自然，应顺从幼儿心理发展规律，重视感官学习、实物教学等探索体验式活动。近些年，全球的教育趋势是回归自然、融入自然，大自然的教育功能被人们重新认识，并得到重视。

　　幼儿园里丰富的自然环境因素，可以让幼儿直接感受自然生命的美，促进幼儿的身心健康成长。虫鸣鸟叫，花草芬芳，悠然多姿的自然环境能使幼儿感到亲切、自由和平等，也有助于缓解幼儿消极和不良情绪，让幼儿在自然、趣味性的环境中得到情绪的自然转换与发展。生命教育是当代教育的重要内容，让幼儿亲近自然、走近生命，为幼儿创设丰富的自然环境来进行直接感知、实际操作和亲身体验，是幼儿园必备的教育活动形式，这也是幼儿的成长过程中不可替代的实际生活经验的累积。

红花初露嫩叶中

另外，幼儿园丰富的自然环境有利于幼儿智力的发展，幼儿正处于活泼、好奇心旺盛、想象力丰富、模仿力强的年纪，在幼儿园中放置恰当的植物景观，会为幼儿带来更多层次的感官体验，有利于激发幼儿的想象力。他们通过观察、实践、操作、比较等一系列自主的学习方式去探索、感知自然的魅力，不断开阔视野，获取丰富的知识。幼儿能在多样化的植物中了解植物的生长规律，明白四季的变换对植物的影响，知道植物生长所必备的条件。

我们引导幼儿经历从猜测想象到实际观察的过程，从而在观察和劳动中收获知识和经验。一个充满巧妙设计的幼儿园自然环境不仅能让幼儿热爱大自然、丰富自然知识、开拓视野，也能更好地发挥幼儿的想象力和创造力，于无声处陶冶幼儿的生活情趣，提升幼儿对美的欣赏能力和对未来积极美好的向往。

园内小竹林

我们幼儿园的环境在最初已显现出其特有的格调与魅力，整个幼儿园绿色、生态、阳光、自然、和谐、有生命力，凸显出幼儿园管理层对自然生态环境奇思妙想的设计。枝繁叶茂的大树、苍翠欲滴的灌木丛、姹紫嫣红的小花、饱满莹润的野果、神秘肥沃的泥土和躲藏在其中的小昆虫……这些都是

茉·自然环境

幼儿喜欢探索的对象，他们自发地、自然而然地进入渴望探索的世界，在其中不断地进行自我验证和自我满足。每一个角落都能找到一些趣味，体现以幼儿为本，彰显富有童趣的奇思妙想，具有很强的互动性、操作性、探究性，满足幼儿的好奇心和探索欲，充分发挥环境的育人功能。同时，在感受别样的生态意境时这里又带给人以美的感受与遐想，让走进幼儿园的人们在强烈的独具意蕴的环境中，忍不住透过外在的美去思考其背后的内在含义。

一、引人入胜——处处有生机，营造自然大氛围

幼儿身量小，视野范围相对较小，因而对周围环境的感知也相对有限，通过植物景观形态、色彩的设计，既能营造出自然生态的层次感，也能够减少城市中烟尘、噪音的干扰，使幼儿能够身处舒适的学习环境中。结合幼儿的年龄身心发展特点，我们幼儿园设置相应的植物景观区域，同时体现季节变化，做到每个季节都有吸引幼儿去探索的因素，充分满足幼儿身心发展的需求。结合幼儿园户外的游戏场地、设施布局，种植植物的高度不宜过高、密度适宜，不能遮挡幼儿的视线，同时植物的气味、形态、色彩配置也要满足幼儿五种感官发展的需求。

（生机勃勃的绿色草坪）

我们一进入幼儿园，映入眼帘的不再是花花绿绿的塑胶操场，而是一片大大的、生机勃勃的绿色草坪，其中还种植了千姿百态、品类多样的树木。

爬山虎覆满墙脚

刚刚结果的番石榴

这里还有幼儿喜欢的番石榴树、桃树、李树、葡萄树、桑树、黄皮树、枇杷树、龙眼树、莲雾树、柚子树等；有四季都散发着浓郁香味的桂花树、叶片大大的面包树、高大挺拔的菩提树、枝叶层层叠叠的小叶榄仁树等；还有攀爬在围墙边上的百香果爬藤、金银花爬藤、铁线莲、西番莲、炮仗花等；顺着建筑物迎难而上，勇于攀登的爬山虎、使君子、蓝雪花；墙脚的小竹林、向日葵园，入门拐角处的一小片中药谷……处处枝繁叶茂，欣欣向荣。

入门处还有一艘用作池塘的小木船，船里日夜不停运转的水车旁生长着几株睡莲和铜钱草，下面游荡着几尾害羞的小鱼和一只爱跟幼儿玩捉迷藏的小乌龟，还有时不时被自然、优美的生态环境吸引的小鸟，闻到百花香飞来的蜜蜂和蝴蝶，品尝着嫩叶自在成长的小毛虫和瓢虫……

在飞舞吟唱的热闹中，这里生机盎然。天真且充满好奇心的幼儿稚嫩的目光就时常被园中千姿百态、色彩缤纷的花草树木和种类繁多、形态各异的鸟兽虫鱼所吸引。

自由自在的小鱼

他们观察交流，他们随处奔跑，他们肆意撒欢，他们乐此不疲，身在其中的幼儿自由自在！

快看，长新叶子了

二、别有洞天——班班有不同，打造班级特色小自然

每个班级的教师都是充满教育智慧的引领者，他们根据本班级幼儿的年龄特点、发展水平和近期兴趣与需求，以及不同的季节和幼儿活动需要，充分发挥幼儿的主体作用，并利用家长资源来设计打造拥有自己班级文化特色的生态植物角。在每次进行班级自然角内容的创设或更换时，教师都会引导幼儿参与讨论，商量下一阶段班级自然角开展哪些展览，进行哪些种植实验，为什么选择这样一些内容，准备些什么材料等。经过幼儿讨论、参与选择的自然角内容，他们才会更感兴趣，主动关注，积极参与活动。"凡是幼儿自己能做的，就让幼儿自己做，

草丛里的秘密

凡是幼儿能自己想的，就让幼儿自己想。"在布置自然角时，教师引导幼儿参与设计，以他们的审美与爱好去布置，充分发挥了幼儿的创造性思维和主人翁意识，只有这样幼儿才会觉得这是属于自己的东西，才能真正吸引他们，成为他们观察、实验的乐园。

细心擦拭每一片绿叶

我们让幼儿参与自然角的管理，使幼儿始终感到自然角是自己的园地，树立主人翁意识。同时在管理自然角的劳动中，激发幼儿观察、学习的兴趣，在劳动中获得知识，对生命的热爱，同时也能增强幼儿的责任感、任务意识，培养幼儿的劳动习惯。教师每天安排值日生轮流负责，管理自然角。例如：

插花：每周一幼儿会带来与爸爸妈妈精心挑选的鲜花来装饰班级环境，在教师的引导下他们根据花瓶的高矮、瓶口的大小等，将选好的鲜花进行剪枝、去叶、添水、插花，在一次次的插花和欣赏过程中提高了审美能力。

亲手设计自己的花束

荣 · 自然环境

养金鱼：一个小鱼缸、一株睡莲、一些彩色小石子和几尾不停游动的小鱼是幼儿开开心心地来幼儿园的动力之一。他们每天会给小鱼喂适量的鱼食，观察小鱼身体各部位的特征，模仿小鱼吃东西和游来游去的样子，猜测小鱼怎样睡觉，并在教师的帮助下记得每周为它们换一次水，清理碎石中的便便等。在悉心照料小鱼的过程中幼儿会发现小鱼短时间地离开水也能存活，不仅多了很多乐趣也丰富了相关知识。

一起分享养金鱼的乐趣

养蚕：小满节气是养蚕的好时节，幼儿在幼儿园进行了相关活动后，请爸爸妈妈购买了蚕宝宝，将它们带来班级里养着。幼儿每天在幼儿园里采摘桑叶来喂蚕，在养蚕的过程中他们发现蚕宝宝非常娇嫩，爱吃干净的桑叶，幼儿就把采摘的桑叶清洗干净用纸巾擦干或者在阳光下晾干。到了幼儿回家的时候他们提出要轮流将蚕宝宝带回家照顾。经过了几个月之后，幼儿看到胖胖的蚕开始吐丝、结茧，他们说蚕宝宝要给自己做个房子开始睡觉了，又过了几天，蚕茧被咬出一个小洞，蛾子从里面出来了，幼儿把蛾子放飞。在这期间幼儿能仔细观察蚕宝宝的每个生长变化的细节，关爱和呵护蚕宝宝，感受生命的生长历程。

观察蚕宝宝吃桑叶

三、身临其境——时时可实践，满足幼儿探索自然的需要

种植活动的准备阶段，幼儿自行观察和比较不同颜色、形状和大小的种子，自己选择想要种植的种子，认识各种种植工具，了解一些种植方式，如：点播、撒播等。

种植完成后，幼儿可以通过观察、记录、讨论来思考和探究：每种植物发芽的时间需要几天，它们是单子叶还是双子叶植物，它们在生长的时候需要哪些条件（阳光、水分、养分等）。

等幼苗长高一点儿后有些植物就需要进行间苗、移植等。这是幼儿可以观察研究的——它们的叶子是什么样子的：（颜色）是深绿色还是浅绿色；（形状）是剑形树叶、针形树叶、三角形树叶、心形树叶还是椭圆形树叶；（叶子的序列）是互生、对生还是簇生；（叶脉）是平行叶脉、网状叶脉还是叉状叶脉；（叶子边缘）是锯齿形边缘还是曲线形边缘……

等植物开花结果时，幼儿又可以观察：这些植物的花是什么样子的？有几片花瓣，是单独一朵还是丛生，是伞形花序吗？花蕊是什么颜色？果实又是什么样子？没有成熟和成熟的果实颜色、形状、大小有什么变化？

另外，植物的生长相对缓慢，不能长期吸引幼儿，引起幼儿长久的关注，所以可以用拍照记录或鼓励幼儿用自己的方法进行观察记录，让幼儿每隔一小段时间就自己去拍照记录，也要每天勤于给植物浇水、抓虫……

在精心呵护植物的同时，幼儿学会仔细观察生命成长的每一个细节，

美·自然环境

在实际操作过程中积累和丰富自己的生活经验。我们要培养幼儿从小尊重生命、敬畏生命，满足幼儿服务社会和自我的情感需求，培养幼儿从小养成不怕脏、不怕累、爱劳动的好品质。

四、文化浸润——课程来支持，引发幼儿进行深度学习探索

幼儿园的自然环境设计离不开独特的地域与文化，应紧密结合当地的地理地形、气候条件以及人文特色，通过合理的配置，创设富有文化气息的幼儿园环境，使幼儿能够在潜移默化中感受文化艺术的魅力，实现幼儿园教育亲近自然、寓教于乐的目标。我园以传统文化为课程特色，开展关于二十四节气、传统节日等活动内容，根据季节、地理位置、节气和传统节日，鼓励和支持幼儿进行各种类型的感受体验活动。如：

"清明前后，种瓜点豆。"从播种开始，幼儿就有很多事情需要了解和准备：为什么清明节气前后适合种植呢？（季节、气温、雨水等）泥土需不需要翻一翻？什么样的种子最为饱满适合播种？浸泡过的种子和没有浸泡的种子哪个发芽更快一点儿？播种的方式是撒种子，还是将种子三三两两地埋在泥土里？如果是果树或者菜苗的话，栽种时需要剪枝吗？两棵植株之间大约需要多远？

幼儿体验收获的喜悦

"谷雨时节，雨生百谷。"从播种后开始，幼儿就可以观察植物的发芽、生长等变化了。植物的生长是一个漫长的过程，幼儿在期待植物生长的过程中，需要付出努力，浇水、施肥、捉虫……植物也会在幼儿的照料下不断地发生着变化，幼儿或通过绘画，或通过讲述，或通过拍照记录植物的成长过程，同时满足了幼儿管理植物照顾环境的需求，增强了幼儿的责任感。

"小满灌浆，小满河满。"小满在北方是小麦灌浆的节气，在南方则是雨水较多、江河水位居高之时，那么这个节气是不是一些植物也会灌浆呢？我们带领幼儿在幼儿园里寻找答案，结果还真的找到了：向日葵也是在小满的节气，开始灌浆长出饱满的种子。

幼儿可以帮助植物除草，在此过程中既可以通过观察和比较认识了蔬菜、杂草，又可以认识和了解植物的每个部位（根、茎、叶、花等）及各个部位的作用。幼儿还可以观察和比较每种植物的花是什么颜色，它的大小，几个花瓣，它的花是独立的，还是一串串、一堆堆的。

在小满节气江河水位居高之时，人们会有很多方法来检查水位的变化，幼儿也可以在教师的引导下学习用多种方式进行测量。

"芒种插秧，玉米间苗。"有些植物从播种到收获，可以"一直住在一个地方"，而有些植物生长到一定阶段，需要移苗，最典型的就是我们的水稻了。而有些植物会长得格外高大，为了给它们留出适当的生长空间，我们则需要拔掉细小的株苗，将比较强壮的留下，如玉米。幼儿进行劳动操作的过程当中，就会体验到"粒粒皆辛苦"，就会知道生活中一茶一饭都来之不易了。

"夏秋时节，蔬果成熟。"到了夏季和秋季，我们种植的蔬菜和水果逐渐成熟，可以带领幼儿去采摘、收获。幼儿可以直接感知到没有成熟的果子和成熟的果子它们的颜色有什么样，甚至可以尝一尝没有成熟的和已经成熟的味道有什么不同。

茶·自然环境

收获的黄皮是酸也是甜

我们的蔬菜多种多样，可以食用的部位也是各不相同，有的吃根（如萝卜、红薯等），有的吃茎（如莴笋等），有的吃叶（菠菜、苋菜等），有的吃果实（青瓜、番茄、茄子等），有的吃花（花菜等），可以利用家长和社区资源，让幼儿去寻找这些有趣的蔬菜并加以分类。我们还可以从中了解植物从种子——发芽——长大——开花——结果的历程。

"立冬种豌豆，一斗还一斗。"每个植物都有自己的生命历程，它们在大自然中有一定的生存条件。那么违背了大自然的生存条件，植物会出现什么样的状况呢？我们根据二十四节气的谚语，请幼儿来进行试验——立冬节气来种植豌豆，最终我们发现在不适宜的时机种植的豌豆生长缓慢，不易开花结果，果然如古人所说"一斗还一斗"。

另外，我们随时提供丰富的室内环境材料支持幼儿的探索，如提供放大镜、显微镜、一些昆虫标本、关于幼儿近期比较关注的话题和自然现象的书籍和实物，提供相关的蒙氏教具或学习操作材料，如树叶嵌板、各类动植物嵌板、昆虫嵌板、一些相关的三部卡、图书等，帮助幼儿去了解他想知道、感兴趣、好奇的事物。我们带领幼儿进行小组讨论，帮助他们记录或鼓励他们用自己的方式记录他们的想法、发现、思考和想象，激发他们热爱观察、乐于探索的精神，从而形成终身受益的学习态度与学习品质。

五、健康成长——潜移默化中，塑造积极的生活态度

在幼儿通过与幼儿园的自然环境探索、互动获取直接经验时，我们还注重培养幼儿的环境适应能力、语言表达能力和社会交往能力，以及环保意识、自尊自信和积极向上的生活态度。

结合全球自然大环境污染、浪费的问题，我们在一些关于环保的节日中，让幼儿了解和感受自然生态环境与人类生存、发展之间的关系，学习垃圾分类、保护环境、爱护动植物和珍惜水资源。通过亲身实践参与，我们将"保护生态环境人人有责"的理念撒在幼儿的内心深处。

"植树节"和爸爸妈妈在园内种下小树苗，平时给它们浇水，观察小树苗有没有长高；"爱鸟周"给鸟儿在树上做鸟窝，了解鸟儿的生活习性，给鸟儿投喂食物；"环境日""地球日"了解当前世界环境污染给我们的地球家园带来的影响，从身边开始做一些力所能及的爱护环境的事；"动物日"爱护身边的小动物，保护野生动物，知道不能捕杀、食用野生动物；"粮食日"了解粮食是怎样来的，知道非洲一些地方正忍受着饥饿，感受一食一饭的来之不易，从而学会珍惜现在的美好生活，不浪费食物；"世界水日"了解水污染的现象，学习怎样将生活中的水进行合理的二次利用，学会珍惜水资源……

多喝水快快长大

荣·自然环境

我们通过开展多种亲子和社区活动，唤起家长和全社会的环保节约意识，使大家都能积极投入生态环保教育中来，把我们的地球家园变得更加美好。

进社区宣传垃圾分类

幼儿在与自然环境、社会大环境互动的过程中，了解生态环境的相关知识，树立节能环保的理念，养成良好的社会文明礼仪习惯和积极健康的生活方式。

稚·幼儿的参与

周　娟　卢思苑

茅檐低小，溪上青青草。

醉里吴音相媚好，白发谁家翁媪。

大儿锄豆溪东，中儿正织鸡笼。

最喜小儿亡赖，溪头卧剥莲蓬。

——辛弃疾《清平乐·村居》

　　"你们的孩子，都不是你们的孩子；乃是生命为自己所渴望的儿女。他们是借你们而来，却不是从你们而来；他们虽和你们同在，却不属于你们；你们可以给他们爱，却不可以给他们思想；因为他们有自己的思想；你们可以荫庇他们的身体，却不能荫庇他们的灵魂；因为他们的灵魂，是住在明日的宅中，那是你们在梦中也不能相见的；你们可以努力去模仿他们，却不能使他们来像你们；因为生命是不倒行的，也不与昨日一同停留……"这是一段引自卡里尔·纪伯伦的现代诗，这首诗细细品味下来，不禁让人泪流满面。为人师者，何等渺小又何等伟大，幼儿虽来与你为伴，受你教导，但请不要对他们宣示主权，要尊重他们是独立个体的事实。我们能做的就是当好"弓"的角色，唯有这"弓"坚实稳定、尽力弯曲，才能让这"箭"射得更远。

　　从幼儿背起书包、带着好奇心上幼儿园的第一天起，他们就注定是这个幼儿园的主人。他们要用他们的思想和行动来灌溉这个幼儿园的灵魂，使其更富有童话色彩，更富有孩子气。教师是陪伴者、观察者、引导者，来帮助幼儿一起实现这个美丽的梦想。一日日、一时时，幼儿每时每刻在幼儿园里的参与都是在用他们稚嫩的手笔描绘着属于这个幼儿园的蓝图……

下面我们就从幼儿在幼儿园的环境中以及活动中的参与内容举例说明。

一、幼儿在环境中的环创参与

幼儿园的环境是幼儿园课程的一部分。它从某种角度来说，就是一种隐性的教育。一所好的幼儿园，当人一走进去，首先会应该被里面那浓浓的育人文化的环境氛围所感染。

我国著名的教育家陈鹤琴先生指出："怎样的环境刺激，得到怎样的印象。"环境是幼儿自我表现与展现的舞台，也是信息与经验交流的窗口，更是幼儿尽情想象与创造的天地；他们每天都会在这样的环境里根据自己的兴趣、能力主动寻找他们需要的东西和想做的事情，会有足够的时间和空间去探索并有机会展现自己的才能。环境能对幼儿的知识、情感、意志、行为起到潜移默化的作用，促进幼儿健康、和谐发展，让幼儿适应生活、关注生活、学会生活、快乐生活。幼儿园环境创设的目的，在于用环境对幼儿进行生动、直观、形象和综合的教育，让幼儿参与到环境创设当中，并利用环境对幼儿进行全方位的信息刺激，激发幼儿内在的积极性，让幼儿直接得到一种情感体验和知识的启迪，从而促进幼儿的全面发展。

1. 户外环境

我们一入园首先映入眼帘的是一片绿油油的草坪和各种花草树木，让人感到身心舒畅，像置身于大自然。

每一棵树、每一朵花都有它的独特之处，这是什么树？这是什么花？它会结果子吗？幼儿对这些花草树木充满好奇，激发他们主动探究、发现的欲望。

"老师，我想带只乌龟放在幼儿园的船里养好吗？"有一天我们在户外散步时班里的一个幼儿对我说，我问："为什么要带乌龟放船里养呢？"他说："幼儿园只有一只乌龟太孤单了，再放一只它就有伴了。"幼儿能够主动地参与到幼儿园的环境中来，不仅能给幼儿园增添一抹生气，还能让整个幼儿园都充满爱。

沙池是幼儿最喜欢的地方，就像一个神秘的藏宝地，吸引着幼儿不由自主地到里面探秘。他们经常能在其中发现形状特别的贝壳、石头，幼儿成群结伴地寻找着、探索着。

几个幼儿围在秋千旁边，大家都想玩，可是秋千只有两个，该谁先玩呢？于是幼儿围在一起讨论，有幼儿提议："我们玩石头剪刀布，谁赢了谁先玩。"其他幼儿都欣然答应了。于是幼儿开始荡起了秋千，不一会儿他们就争吵了起来，原来是有的幼儿玩得太久了，他们觉得不公平。怎么样才能让每个人都玩到呢？幼儿停下来，再次围在一起七嘴八舌地展开了讨论。最后，一位幼儿说："要不我们数数吧，一人玩十下，这样我们大家都可以玩啦。"通过这个案例，我们可以看出，幼儿在环境中能够主动探索玩法，发现问题后，能积极思考，寻找方法解决问题，幼儿真正参与到了环境中来。

户外有花草树木、四季轮回，充满了变化，良好的幼儿园户外环境处处是幼儿科学探究的园地。像科学家一样充满了好奇心、求知欲的幼儿会兴致勃勃地在种植园撒下一粒种子，观察其发芽、生长的过程；会专心地追踪蚂蚁搬家、蜗牛爬行……通过户外种植活动，幼儿在播种、拔草、浇水、除虫、收获等一系列过程中，体会生产劳作的不易和"汗滴禾下土""粒粒皆辛苦"的含义，更重要的是，幼儿通过种植活动，感受一粒种子从发芽到成熟的奇妙过程。

快来一起玩吧！

幼儿通过观察，了解植物生长的全过程，除了获得了自然科学知识，也经历了一次难忘的生命教育。幼儿园种植园的最终目的不是收获，而是让幼儿在这个过程中得到难忘的体验和经历。

2. 班级环境

在幼儿园中，良好的班级环境能为幼儿提供自主学习、自主探索、自主发现、自主创造的空间，促进幼儿的自主性发展。

（1）主题墙

以满足幼儿兴趣为切入点，创设互动式的主题墙，能够激发幼儿参与班级主题活动的积极性。教师会在日常生活中，细心观察，捕捉幼儿感兴趣的事物，引导幼儿共同讨论，尊重幼儿的自主选择，共同确定主题以及板块，不断丰富幼儿的认知经验、生活经验。

班级主题墙面的布置，对幼儿的一日活动流程起着非常重要的作用。它不仅能够装饰、美化活动室，还能巩固幼儿的知识，陶冶幼儿的情操，培养幼儿的思维逻辑、审美能力，等等，是对幼儿施以教育不可缺少的一种有效途径。

主题墙体现幼儿探索的过程

（2）亲子作品墙

为了提高幼儿对美的感受，教师遵循幼儿园环境创设的原则，设计出可自由更换的板块，由幼儿参与布置，引导幼儿根据所获得的知识、经验和自己的意愿创造出不同的形象，固定的板块由教师布置。所以我们将活动室的一面墙设计为"我们的作品"——幼儿作品展示墙。墙上所展示的作品全是由幼儿自己动手操作完成，然后贴上去的。作品墙首先能给幼儿一个直观的感受，让他们能够一目了然地看见自己和别人的作品，然后通过比较，发现别人的优点，也发现自己的不足。其次，幼儿能够在不自觉中学会欣赏。学会欣赏很重要，欣赏他人可以学人所长，被人欣赏会增添信心、发挥潜能。我们还会把幼儿的作品展示在教室的其他位置。这些设计和创造不仅有美感，还蕴藏着知识，引导幼儿从色彩、形态美进行欣赏，让幼儿的欣赏能力、审美在自然而然当中得到提高，也让家长更直接地了解到幼儿的情况。

环境创设是教师和幼儿共同走进主题，在主题中共同发现美、表现美、创造美的过程。教师要努力提升审美能力，努力使环境成为幼儿主动表现个人审美体验的一道流动的风景线。

亲子作品以教学内容为主题，幼儿和家长一起搜集、整理教与学的资料、作品，制作成主题墙，使主题内容的教与学一目了然，还能引领幼儿探索学习，回忆经验、记录发现、梳理主题网络层次，帮助幼儿学会自主学习。所以亲子作品墙是班级教育环境必不可少的重要组成部分。

亲子爱国武器作品展

（3）班级的百宝盒

每个班都有一个百宝盒区域，幼儿把自己带来的材料放到百宝盒里面。幼儿提供的材料与作品，是他们参与班级环境创设的一个重要途径，也是十分重要且具有良好效果的教育过程，能够从小培养他们变废为宝、不浪费资源的环保意识。在环境创设过程中，幼儿利用搜集的各种瓶、盒、罐、吸管、纸巾筒等废旧材料，在教师的启发帮助下，制成了各种作品，如用纸盒做成了高楼、汽车。材料取自身边的资源（大多是废旧材料），这样的教育让幼儿学会了勤俭，学会了珍惜和利用资源；也让幼儿学会了创造，通过自己的创造让废旧的材料发挥更大的价值。用这些作品来装扮班级，幼儿很开心，从而对搜集寻找各种各样的废旧物更有兴趣了。幼儿在积极投入、参与的过程中，既发展了他们的想象能力、创造能力和动手操作能力，同时也培养了幼儿的环保意识。总之，我们要让幼儿明白"只要你做有心人，废物也能变成宝"。在整个活动中，通过观察、操作，幼儿了解了废旧物品的利用价值，也激发他们的创造欲望及对活动的兴趣。

幼儿变废为宝

（4）班级的植物角

班级植物角是幼儿教育内容的一部分，是促进幼儿观察力发展，增长和丰富知识的途径之一。班级摆放植物和鲜花，既可以美化环境，令人赏心悦目、心情愉悦、充满生气，也使幼儿的生活更加生动有趣、丰富多彩。同时，在教师的指导下，幼儿参与照顾植物的活动。在这个过程中，幼儿积极主动地仔细观察植物，不时会发现植物的一些细微的特征和变化，这既能培养幼儿的观察力，还能激发幼儿对自然的兴趣以及探索大自然奥秘的求知欲望，使幼儿认识得更深刻、全面，掌握的知识更丰富、更牢固，更有利于培养幼儿的爱心和责任感及对照顾环境的能力。

照顾好植物是我的责任哦

教育环境对幼儿的成长有着非常重要的意义，古时候的"孟母三迁"就是最好的例子。时至今天"贵族学校"也应运而生，许多家长为了幼儿有更优良的教育环境不惜花费昂贵的学费把幼儿送到"贵族学校"。由此可见，环境是能够造就一个人的，所以我们应该注重环境培养，注重环境给幼儿带来的影响，给幼儿一个更健康、更适合的环境。

二、幼儿在活动中的环创参与

幼儿上幼儿园，从早上入园的那一刻起，就参与到了幼儿园丰富的活动当中。学龄前幼儿需通过丰富多彩的活动来满足其成长需要。活动的重点是要去挖掘出根植于幼儿内心的探索精神和创新精神。下面我们就以幼儿在幼儿园经常参与的几类活动为实例进行说明。

稚·幼儿的参与

1. 班级常规活动的环创参与

当一个婴儿呱呱坠地后，吃喝拉撒睡就是他的本能，然而这只是为了生存，仍需要后天不断地练习和探索。家庭和幼儿园既能提供给幼儿探索、习得技能、练习技能的机会，也是幼儿探索、习得技能、练习技能的场地。0～3岁是幼儿在家庭探索和习得的黄金时间段。在这段时间里，如果父母懂得幼儿的自我发展规律，并给予幼儿有效地引导与协助，那么幼儿的活动能力会更胜一筹。入园后，幼儿首先要迎接的就是对于新环境的适应，同时他们也是参与到新环境创设中的一员，这时候如果有了前期生活经验，幼儿会适应得更快，会有更强有力的自信心和动力参与到幼儿园班级里的各项活动中。

例如：小班幼儿在第一次来上幼儿园的时候，首先需要度过的就是入园焦虑期。对于生活自理能力较好的幼儿来说，在幼儿园里即使没有成人的帮助，他们照样会穿鞋、如厕、吃饭等，那么他们就会更快地从入园焦虑期过渡到适应期，更会在教师无微不至的关怀与引导下，渐渐觉得幼儿园比家里更有意思，这个有意思就是无所畏惧、不断挑战，幼儿在幼儿园不断参加有趣的活动，会越来越喜欢上幼儿园。相比之下，对于那些入园前生活能力较差的幼儿就会难一些，因为他们不但要战胜入园焦虑期，还要尽快习得生活能力赶上身边的同伴，所以在幼儿园参加活动也会让他们感觉到力不从心。对于小班的教师，在幼儿参与活动的过程中就要多观察幼儿，了解幼儿的能力强弱，及时商讨出相应的解决办法，让不同能力的幼儿都逐渐适应幼儿园的活动，在参与的过程中获得成长与提高。例如：在开学初设计"欢迎小朋友"的主题墙面的时候，教师既要考虑到小班新入园幼儿的能力，也要体现幼儿的参与，更要彰显出主题墙的美观与温馨。可爱而又独一无二的宝贝们的手掌涂色画，就是主题墙装饰的绝佳选择。

相比于小班幼儿，中班幼儿参与活动的能力就强了很多，经过一年幼儿园活动参与的经验，规则意识有所提高，他们也有了更高层次的进步和尝试，即由起初根据兴趣参与活动逐步上升为参与活动规则的建立。例如，在园每日用餐活动中的餐前洗手—自主取餐—安静用餐—收拾碗筷等这一系列的活动规则流程，就是中班幼儿在洗手、吃饭等基本能力习得的基础上逐渐建立起来的良好用餐活动礼仪。这样的礼仪只有幼儿在一日生活中习得并不断使用后才能成为日常。另外，教室里的各个角落都可以体现出中班幼儿的作品参与，甚至是在洗手间里的七步洗手法的步骤，都可以让幼儿完成。当一双双稚嫩的小手在洗手池中灵活而又准确地将七步洗手法正确而又自然地演示出来时，教师就可以将这一瞬间的画面定格，再经过细心装饰，在洗手间里呈现出一幅别具特色的七步洗手法的操作图。每当幼儿来洗手时，看到墙面上自己的洗手图，不知有多开心，他们会更有信心做好洗手这件事。这样的自信是发自内心的。

幼儿到了大班，能力就更不用说了，小班与中班两年的活动参与经验已经给他们足够的活动参与能力，现在是他们在活动中自我绽放的时间了。例如，餐前他们可以擦拭餐桌，用餐时可以自我管理，餐后清理桌面清洗碗筷，水果餐前自己削水果，午休时自己叠被褥，等等。这些活动的自发性参与的经验，均来自一次次在幼儿园里的活动参与的体验、反思和身体力行的积累。那么不用说，关于值日生牌的制作，自然少不了幼儿亲自上场了，用彩笔绘制一幅自己的自画像，然后再用超轻黏土来装饰一下，美观又不失调皮可爱的值日生牌就诞生了。这样的值日生牌，幼儿每天都要看上好几眼，怎么会不知道自己每天的工作任务呢，那一定是铭记在心，身体力行。

2. 节气实践活动的环创参与

如果说幼儿对于在园常规活动的参与是一种生活经验的储备，我们暂且把它们喻为一棵大树，那么幼儿在园每天参与的丰富的知识类游戏活动就是这棵大树上茂盛的枝叶。幼儿在这些活动的参与过程中，不断通过实践获得和丰富自己的知识，这些知识让幼儿成长的脚步不断向前、不知疲倦，教师的观察与引导就像养料，不断激励着幼儿朝着自己的想法和目标迈出自信又坚定的步伐。

下面我们以二十四节气活动之"小寒"为例，来讲讲幼儿对于节气游戏活动的探索与参与的过程。

首先，我们通过绘本让幼儿认识小寒，接下来我们一起到户外真实地感受小寒的天气特征。感受活动过后，幼儿萌发了很多想法：

"天气这么冷，在我们国家有一些很冷的地方已经下雪啦。"——剪纸

"雪花"跃然主题墙之上。

"我们觉得太冷了，怎么才会不觉得冷呢，大家挤在一起就不冷了。"——体能游戏"挤油渣渣"，这样激动人心的照片，展示墙面上怎能少得了呢？

"做运动不会让我们觉得冷。"——体能游戏"跑步""斗鸡"，再来一组照片展示。

"天气越来越冷了，我们要吃一些热乎乎的食物了。"——社会实践游戏"制作腊八粥"。制作腊八粥的过程，对于大班的幼儿来说，是可以通过绘画、泥工、剪纸等多种方式记录下来，并制作成小书的。幼儿精心绘制的《腊八粥制作过程》，图文并茂，看一遍就能让你立刻学会制作腊八粥。

小寒节气幼儿手工游戏

教师带着幼儿去看小寒季节唯一盛开的花——蜡梅。"这一切也太美了吧，我想把它画下来。"——美工游戏"小寒赞梅"。

随着小寒的到来，年味儿似乎也越来越浓了，置办年货从接"福"开始！

我为班级添"年味"

幼儿在这些活动的参与和实践中不断感受着生活和大自然带给我们的美好，又从这些美好的体验中萌生出自己想要去表达和探索的欲望，我想这就是他们不断获得成长养分的秘诀吧。

3. 大型亲子活动的环创展示

幼儿园每个学期丰富的大型活动中必定会有亲子活动这个必不可少的项目，参与这样的活动对于幼儿来说就像生活中的甜蜜剂，会有意想不到的惊喜，让他们格外兴奋。幼儿和最亲爱的爸爸妈妈一起玩、一起参与游戏活动，能让幼儿自信地成长。我们往往并不奢求在这些活动的参与过程中幼儿能够习得什么、获得多少，而是他们的状态和心情好不好，他们的热情是否感染了身边的每一个人，包括爸爸妈妈。对于父母的有效陪伴，幼儿想说"那永远都是不够的"。

一次家长开放日活动，幼儿对教师说"今天是我妈妈来和我一起参加活动"，说话间那发自内心快乐的神情在眉宇间停留了好久好久……此时此刻珍贵的定格，肯定要放进班级的主题活动照片展示墙啦。

一次亲子运动会上，幼儿对教师说："老师，你看那个表演拍球的是我爸爸，我爸爸拍球拍得可好了，他还会顶着球转呢。"说完，自己也拿起了球模仿着转动起来——榜样的力量何其强大……

一次迎新庙会活动上，幼儿对教师介绍说："老师，你看我妈妈今天像古时候的仙女。"说完，小女孩捂着嘴呵呵地笑着，此时此刻她的眼里、她的心里只有她那穿着汉服宛若仙女般的妈妈。是呀，这样的妈妈也只有在这样的活动中幼儿才得以见到，她是多么兴奋呀……

幼儿园就像一个大大的海洋，这些丰富有趣、五彩缤纷的游戏活动就像是海洋里的生物，而幼儿就像是那捕鱼嬉戏的渔夫，他们每天都不亦乐乎地在里面徜徉，不知疲倦地游戏，以此让自己的力量不断强大。

综上所述，我们可以看出无论是从幼儿对于幼儿园环境的感受与参与还是对于幼儿园活动的直接环境参与，兴趣是一切活动的动力，只有有了兴趣才能促使幼儿积极主动、自由地参与到幼儿园的一切环境创设中。然而，如何引发幼儿对各种活动的兴趣呢？这就需要我们教师善于运用自己的一双

稚·幼儿的参与

慧眼去观察和发现幼儿参与活动的切入点，以此来更好地激发幼儿对活动的兴趣。兴趣才是幼儿参与和投入活动、展示活动最好的教师，有了浓厚的兴趣，幼儿对于活动的内容才会不断地、深入地探索与挖掘，而这些就是滋养幼儿成长的重要养料，他们不断地在活动的实践中充实自己，让自己得到更好的成长。

焕·创新

张嘉桃　张　娟

新鲜洁净世间稀，隔尘劳是非。

——王哲《阮郎归·咏纸衣》

"焕"，焕然一新，即光彩夺目，给人一种全新的感觉。21世纪本就是创新的世纪，而早在元朝时，王哲就于《阮郎归咏纸衣》一诗中写道："新鲜洁净世间稀，隔尘劳是非。"意思就是随着大自然和人类社会不断地发展，新事物、新思想层出不穷。如今，人们对美的要求和认识越来越高，而我们幼儿园的环境创设中更是处处离不开中国风的美，美就在你我身边，关键是如何保持中国风在环境创设中的传统与创新的平衡。

中国风，即中国风格，蕴含着大量的中国传统元素，并且有着与时俱进的趋势。而幼儿园的中国风教育环境包括物质环境和精神环境。而我们教师要做的是从繁多的中国传统文化中选取有教育意义、适合幼儿年龄特点的经典传统元素和内容，进而对班级环境进行创设与布置。我们园所里有独具匠心的创意空间，而我认为中国风的环境创设要注重传统与创新的平衡。作为幼儿教师，在创新环境中我们起到主要的引导作用，意在与幼儿一起携手创造出一个诗情画意的中国风。墨、古文字、竹子、京剧、民族服饰……这些元素都是经典的中国传统文化象征。一直以来，创新不仅是民族文化进步的灵魂，也是文化的生命。实践告诉我们，教师要在幼儿园环境创设中融入浓浓的中国元素，并不断地探索创新，让幼儿直观地感受中国文化的同时也能在无形中感受到文化创新的魅力。

一、墨与字——创新自主性原则

我们在幼儿园传统文化启蒙教育的背景下，结合传统文化环境创设的开展，将"墨"渗透到环境里面。我们要为幼儿创设一个良好的环境以便于培养幼儿的自我关注、自主欣赏，提高幼儿尝试学习水墨画的兴趣。这也是保证幼儿能自主地参与水墨画欣赏活动的重要策略。我们通过策划并创设了传统水墨画、自主性书法专用文化活动展示区域——上善岭书画区。该区域里悬挂着传统水墨画、书法作品，有文房四宝，还摆放着画有传统水墨画的陶瓷、器皿等，为的就是营造出一种具有中国传统文化特色的水墨文化韵味，让幼儿在潜移默化中深刻感受传统水墨画的精髓。在书画区里我们还为幼儿提供了宣纸、

水墨涂鸦印纸上

颜料、水、笔、墨等工具和绘画材料，让幼儿随时随地自由自在地学着把玩色彩、舞动笔墨。在这样的水墨艺术氛围中，幼儿在不知不觉中感受中国水墨画中的艺术魅力，比如它的历史、色彩、线条、主题、技巧等。我相信幼儿一旦来到这个书画区，就一定会跃跃欲试，兴味盎然。

铅笔描出的"水墨"墙画

环境创设过程中更是离不开"墨"，用墨来装饰我们的环境，简单的一块布、一个瓶子和一张纸都变得栩栩如生，再加上一些小创意就更会让人眼前一亮。而在山水画中，笔和墨是分不开的，所以称为"笔墨"。明代莫是龙在《画说》中提出："有笔有墨，笔墨二字，人多不晓，画岂无笔墨哉？但有轮廓而无皴法，即谓之无笔；有皴法而无轻重、向背、明晦即谓之无墨。"然而，景物有形，情感无形，我们以画入手，以心唤心，滋养幼儿的内心，唤醒沉睡的情感。我们根据山水画的特点，再结合个人的经验创造出一种新的"笔墨"方法——石墨刮画，即用铅笔笔芯的石墨材料来刮画，效果与真正的墨水如出一辙。因此，我相信好的中国画意境感都会很强，其作品不纯粹是技法问题，而在传承和创新想法中，渗透着创新的文化精神，又能体现中国传统的文化沉淀。

另外，我认为文化传承和创新精神的自主性平衡会让幼儿终身受益。幼儿阶段是人生旅途的起点，接触和认识中国传统文化，对幼儿的身心和修养有很大好处，再加以自主的创新精神会十分有利于幼儿的终身发展。例如上善岭的整体基调是中国写意风，吊饰以白色的竹伞为主，配以淡雅的中国山水画以及"四君子——梅兰竹菊"，书画区的吊饰是用毛笔把古文字等画在纸筒上，整体色彩是以白色和原木色为主，色彩和谐统一。而从古文字里便可看出，每个幼儿都是古文字的小小创造者。小时候，最讨厌的事就是被教师罚抄书，长大以后，最遗憾的事就是没有练就一手好字。年龄越大，越喜欢品味古文字之美，就像品味陈年佳酿，越久远越醇香。从古至今，古文字学一直都是一门非常有意思的学科。我们不仅可以了解汉字的发展过程，更能从文字中看到祖先的思想、信仰、生活和社会风俗等各个方面。而这一切都归功于人们对中国古代文字的发展、演变及其规律的不断研究与追求，也不得不为中国文字的博大精深而感叹。

而这些古文字就是幼儿最好的文字启蒙教育素材。汉字是中国的老祖宗留给子孙万代最美、最宝贵的文化宝藏。老祖宗用原始的描摹事物的方法创造了甲骨文，通过传承和发展，逐渐演变成以象形文字为基础的意音文字。甲骨文是目前我们所知道的中国最古老的文字，也是比较成熟的象形文字。每一个汉字，追根溯源，都可发现它的来历和故事。当我第一次和幼儿介绍古文字的时候，有个幼儿说道："原来古文字这么可爱啊！"是啊，这些古文字可能在我们大人眼里就是冷冰冰的，可一旦加上幼儿的创意涂鸦添画和装饰就会变得截然不同。中国的幼儿，学习中文，是从古文字开始的。古文字的象形功能能够很好地帮助幼儿理解古文字的奥秘。在幼儿的画笔之下，"山""水""云""雨"等古文字，都不仅仅是一个文字符号。它们有了色彩，包含了故事，被赋予了生命。我们看到"山""水"就会在脑海里浮现青山绿水；看到"雨"，仿佛就能听到下雨时的雨滴声。其实这些很可爱的古文字，正好展现了我们祖先丰富的想象力。慢慢地你会发现，古文字是多么生动形象又简单易懂，它们真的就像幼儿所说的那样很可爱，很像一幅生动的画。

感受有趣的象形字

当然，说到汉字定会联想到书法，为传播优秀传统文化，营造书香氛围，深化艺术特色，我园家长也积极响应，泼墨挥毫，尽献佳艺，为幼儿园环境创设增添了亮丽的一笔。

二、竹与绳——创新互动性原则

幼儿园的环境是指幼儿园内幼儿身心发展所必须具备的一切物质条件和精神条件的总和。幼儿的成长离不开环境，环境对幼儿发展的影响是极其深远的。我国古代对此就有精辟的论述。晋朝文学家傅玄在《太子少傅箴》中指出："近朱者赤，近墨者黑。"就是强调环境对人的影响。而注重互动性的环境创设是幼儿创新意识的关键。所以，我们利用竹子和绳子的结合，为幼儿提供了参与、互动、学习发展的活动场所，随着幼儿的积极介入，班级环境也逐渐呈现出幼儿体验、参与、共生、共长的行为"竹迹"。从环境创设开始，伴随着一路而行的探究与创造，幼儿一直以主人翁的角色发挥着与环境互动的作用。比如在商议如何创设班级环境时，幼儿认为用自己的作品去布置会更好玩、更美，于是，大家一起画、剪、贴，分工合作来完成，高的地方请教师帮忙悬挂，矮的地方由自己粘贴，吊饰竹环里是自己画的竹风景，网绳上面是自己画的作品，墙面上是自己的全家福……在以幼儿为主体的前提下创设出由竹子和绳子结合的主题墙、作品墙、装饰墙和区域活动的阅读区等，尤其是水墨画与竹片可谓是中国风与田园风的完美结合，让整体环境更加统一。除此之外，我们也用竹筒进行了植物角的装饰。整体的核心理念是将环境还给幼儿，将幼儿的一切融于环境，真正做到以幼儿为主体，提高幼儿与环境互动的创造性。当整个环境创设完成的时候，幼儿兴奋极了，并且为班级环境取了"竹子小屋"这个有趣的名字。幼儿在动手、动脑，亲手参与环境布置的过程中，不仅获得了新的知识经验，能力也得到了发展，同时也更加热爱自己的班级环境，常常不经意间就进"竹子小屋"，坐坐，聊聊，玩玩，好不惬意！

竹与绳的互动

三、色彩与搭配——创新审美性原则

色彩搭配亦是一门学问，幼儿对色彩的敏感程度丝毫不亚于舌头对味道的敏感程度，二者都是人体重要的刺激源，不同颜色对情绪的影响也会不

同，而在环境中色彩的合理运用、科学搭配，能够使其发挥艺术的美育功能，并可以起到很好的烘托氛围的作用。

色彩是影响环境的主要因素之一，是环境组成的一个重要部分，是我们自然界里的一种客观存在，也是人对光的一种视觉反射效应。色彩最基本的一个属性也就是色彩中的三要素：色相、明度和色彩纯度。根据人们心理上的感受，色彩又大致可以细分为促使振奋、活跃的暖色调（红、橙、黄）、安适平静的冷色调（青、蓝）以及中性色调（紫、绿、黑、灰、白）。研究分析结果表明，幼儿容易被丰富的环境色彩所吸引，所以我园十分重视周围环境的色彩搭配与自然色彩的巧妙组合。

瓦房是中国传统的民居建筑，白墙黑瓦的色彩搭配，给人一种简洁的视觉美感。能工巧匠通常会在房顶屋脊上装上形如鸟兽鱼的饰物，美观大方又富含寓意，颇具中国传统文化气息。教师利用这一特点创设出富有意境的江南瓦房，在作品墙、主题墙和装饰上形成一道美丽的风景线。

屋檐点缀出的江南水乡梦

民族服饰是指各民族本身文化中独有特色的服饰，而色彩是民族服饰中一个重要元素，民族服饰色彩的搭配也是一种视觉情感语义的传达。民族服饰的色彩在满足幼儿思维活跃、富有想象的要求的同时，注意幼儿对色彩的敏感性，显示出鲜明的色彩对比效果。中华民族服饰别具特色，每个民族都有自己不同的传统服饰，为进一步加强全体师幼对中华民族服饰的了解，深入发掘各民族的传统文化，提高幼儿对民族服饰的认识，我园展示了手工制作的五十六个民族服饰娃娃，意在展现不同民族的服饰特色，尤其是色彩的搭配。

民族风采展

中国有"衣冠王国"之称，中国服饰如同中国文化，历史悠久，绚丽多彩。其中傣族服饰是中国灿烂的传统服饰代表之一。因此，教师为幼儿创设了这样一个自我表现的舞台环境。

我们在特色区里时不时会看到几个俏皮的身影，还会时常听到这样的声音："老师，这个衣服好漂亮，她是哪个民族的？"教师总会蹲下来耐心地给幼儿讲一讲这个民族的民俗风情和饮食习惯，遇到教师也不了解的，教师会带着幼儿一起查阅相关资料，一起去学习。

另外，扇、伞、京剧等也能让幼儿感受到富有中国文化特色的色彩搭配。

幼儿彩墨绢扇

美术室外锡纸画

　　一楼走廊的设计采用了现代创意建筑的展示形式，用废旧材料做成立体的创意画，醒目的同时，彰显幼儿园的特色风格。

京剧国粹的色彩斑斓

教师将国粹元素搬进了教室，京剧色调的脸谱、挂饰琵琶等设计，鲜艳明快，给人一种色彩的视觉美感，也丰富了幼儿的审美情趣。同时，京剧脸谱是具有民族特色的一种特殊的化妆方法，脸谱的色彩运用也有一定的含义，比如说：红色象征正义、忠勇，黑色代表刚烈，蓝色表现性格刚直等等。通过了解脸谱的颜色，幼儿能根据简单涂色来表现人物的性格。

油纸伞像一朵朵盛开的花朵悬挂在天花板上，我们上善岭的一个六岁幼儿从那里一路经过，仰起她的雪白的小脸大声惊呼道："哇，好漂亮的伞啊！"就因为她看到美丽的彩色油纸伞，激发了她对制作油纸伞的浓厚兴趣，她和我们还一起创编了一个小油纸伞的小型舞蹈并大方地跟大家分享，引起了一股跳油纸伞舞的风潮。

因此，色彩搭配舒适且丰富的环境有利于升华幼儿对中国传统色彩搭配元素的审美观，提升幼儿的视觉审美能力。色彩与搭配，在幼儿的世界里无处不在，对幼儿身心发展起着重要的作用，所以我园对每一个地方的颜色都是精心设计，合理搭配，在幼儿的直觉感官发育最快的时期，带幼儿感受自然之美、建筑之美、绘画之美、色彩搭配之美……

总而言之，在"中国风"背景下的环境创设独具匠心、内容多彩。各班的活动区角和主题区的墙饰也都充分显现本班特色，为各班幼儿营造了良好的自主性、互动性以及审美性的创新环境。我们走在幼儿园的教室、走廊、楼道等每一个角落，都能看到浓郁的中国元素，也可以看到本园教师和各班幼儿的创意，不仅彰显本园丰厚的传统物质文化教育底蕴，更能感受到传统文化与创新的平衡美。幼儿在"中国风"的环境中尽情感受中国传统艺术与创新设计的碰撞美！

焕·创新

精·材料

郑乔匀　徐红燕

所以包罗万象，举一千从，运变无形而能化物，

大矣哉，阴阳之理也。

——《黄帝宅经》

在《幼儿园教育指导纲要（试行）》中提及："环境是重要的教育资源，应通过环境的创设和利用，有效地促进幼儿的发展。"皮亚杰的认知发展理论也强调幼儿是在与周围环境互动的过程中获得认知和经验而发展的。幼儿在同环境的互动中构建着自己的世界。

在幼儿园的环境创设中，各种装饰、摆件给予幼儿美的感受和熏陶，各个活动区域的划分，为幼儿提供了活动场所，而活动区域中的各种材料，作为幼儿园的主要教育工具之一，则是幼儿与环境互动，建构经验、知识的重要物质载体。区域材料不仅是环境创设的重要组成部分，它对环境布置还起到了补充、丰富、深化的作用。皮亚杰曾说过："儿童的经验只会来源于材料，让儿童通过与材料和环境的对话，从而不断地积累和丰富知识经验，实现身心发展。"高瞻课程中，也强调材料的作用。通过开展区域活动，幼儿在活动中与材料互动，实现自我发展。

区域材料是幼儿自主生成游戏、自主探索、提出问题、尝试解决问题的基本条件和物质基础。材料的有趣度、可操作程度、丰富程度都是激发幼儿兴趣、引发幼儿探索的重要因素，关乎幼儿的需要是否能够被满足，幼儿

是否能够在活动中、操作中体验到快乐，习得经验和知识，建构、发展自己的世界。幼儿每天都在幼儿园的各区域中开展不同的自主游戏，通过使用不同的材料开展符合自己想法、意愿的游戏，开启探索世界的大门。不同区域中的不同材料，都能够在不同程度、不同层次发展幼儿各方面的能力。为了进一步促进幼儿发展，教师除了根据幼儿园主基调和各班主题创设了富有特色、教育意义的环境，还创设了不同的区域环境，并经过深思熟虑，投放符合幼儿年龄发展特点、符合幼儿兴趣、满足幼儿需要、能够促进幼儿发展的区域材料。

一、区域材料投放的原则

（一）安全为重

有健康的生命，才能有后续的发展。因此，不论何时，幼儿的安全和健康都是最为重要，应放在首位的。在投放区域材料时，教师严把安全关，对于废旧材料，教师会在仔细检查、清洗消毒后再投放至区域，对于剪刀、锤子等潜藏危险的工具，教师会及时开展安全教育，让幼儿知道如何正确使用工具，不让自己和他人受伤害。

（二）丰富多样

不同的材料有不同的教育价值和教育功能，丰富的材料能够帮助幼儿建构更全面的经验。教师根据幼儿的兴趣及发展情况、区域的主旨、开展活动的主题等方面，投放种类、数量都能够满足每一位幼儿实际操作需要的丰富的区域材料。

（三）层次分明

幼儿发展水平、兴趣爱好等存在差异性，对材料的需求也存在差异。因此，区域材料的投放不能"一刀切"。教师根据班级幼儿的实际发展情况和年龄特点，结合幼儿的兴趣爱好，投放不同层次的材料，如在生活区，教师除了投放勺子、筷子等工具供精细动作发展较好的幼儿使用，还会投放不需使用工具的五指抓等材料供精细动作发展较弱的幼儿操作。除了考虑个体差异，教师还从整体发展水平出发，从易到难、从简到繁投放材料。

（四）重视操作性与探究性

幼儿的经验是在与材料、环境的互动过程中建构起来的。过于简单的高结构材料想象空间小，难以激发幼儿探索的兴趣和欲望，不利于幼儿经验的构建和能力的发展。教师在不同的区域，有意识地投放操作性、探究性强的低结构材料、半成品材料及废旧材料，这些材料充满了想象空间，能够激发幼儿动手探索、动脑思考的兴趣，让幼儿在操作中思考，在创造中探索。

二、不同活动区域的材料投放

（一）生活区

幼儿在生活环境中通过互动来获取经验，建构自我世界，幼儿的成长与发展都是在生活中进行的。作为幼儿入园初期的主要活动区域，生活区对幼儿，特别是小班幼儿的生活能力、自理能力以及其他方面能力的发展有着重要意义。教师从日常生活出发，根据各年龄段幼儿发展水平、特点投放不同的材料和工具，促进幼儿多方面的发展。

小班的生活区中，有贝壳、木片、花生、核桃、各色豆子等来源生活、大自然的材料，有镊子、夹子、勺子、茶壶、瓷碗等来自现实生活的真实工具和容器；教师经过组合搭配，有些物品变身成为夹核桃、倒豆子、剥花生等不同的工具。这些来自生活、大自然的不同材质、形状的材料和工具对幼儿来说充满了吸引力，幼儿对它们充满了探索的兴趣和欲望，而幼儿的点滴发展和成长就蕴含在探索的兴趣中。如在"倒"的工作中，一开始，教师投放的材料是带嘴带把的瓷壶和大颗粒的豆子或珠子，待幼儿操作熟练后，教师会将材料变为更小颗粒的豆子或珠子，以及将带嘴带把的瓷壶更换为不带嘴不带把的玻璃瓶。更换了材料，提高了难度的工作对幼儿来说又是一件有趣的新事物，幼儿的工作周期得以延长，精细动作、手眼协调等能力能持续深入发展；不同的材料——不同大小、形状、颜色的豆子、珠子，不同形状的容器，不同的感官体验，不同工具的使用，幼儿的生活经验就在这样许多次的材料更替中一点儿一点儿累积。

手部精细动作练习工作

　　对于生活自理能力、精细动作发展得更好的中大班幼儿来说，教师通过投放更复杂的生活工具，如榨汁机、煮蛋器、缝补工具以及真实的生活材料等，幼儿在工作中结合已有经验，进一步学习不同的生活自理技能，如榨果汁、煮鸡蛋、缝纽扣等。此外，教师还会投放适合、便于幼儿使用的打扫工具，如扫把、拖把、抹布等，鼓励幼儿自主照顾环境。幼儿从这些工作中学习、发展的能力能够迁移到日常生活中，真正提高幼儿的生活自理和环境照顾能力。

照顾环境的工作

（二）美工区

《幼儿园教育指导纲要（试行）》指出"艺术是幼儿表达自己的认识和情感的重要方式""艺术是幼儿的另一种表达认识和情感的'语言'。""艺术活动是一种情感和创造性活动。幼儿在艺术活动过程应有愉悦感和个性化的表现。"在《3~6岁幼儿学习与发展指南》中也强调了要为幼儿创设充分的条件和机会，丰富幼儿的想象力和创造力。

美工区是幼儿自由创作，充分发挥想象力和创造力的重要区域，每位幼儿心中都有一颗美的种子，要想丰富幼儿的想象力和创造力，首先要让幼儿萌发对美的感受，丰富幼儿对美的体验。教师把小雕塑、工艺美术作品、精美的图片等实物作为欣赏材料投放到美工区中，能够让幼儿欣赏和感受美术作品、自然景物和周围环境中美好的事物，对不同形式的美有初步概念，丰富幼儿的美感经验，培养其审美能力。

幼儿是天生的艺术家，废旧的材料、常见的工具，经过他们的小小巧手，或绘画，或剪贴，或拼贴，便能摇身一变，成为充满童真童趣的艺术作品。图画纸、彩纸、瓦楞纸、皱纹纸、白纸、报纸等各种纸张，水彩笔、油画棒、水彩颜料、墨汁、海绵、纸盘、纽扣、吸管、印泥、安全剪刀、胶带等各种创作器具，以及废纸、纸箱、树叶、碎布、扭扭棒、马赛克块、塑料瓶子、石头等各种来自生活各处的低结构材料，都是幼儿施展艺术魔法必不可少的材料。丰富的材料、工具让幼儿能够自主选择，运用线条、形状、色彩等美术语言来自由创作绘画作品，还可以使用剪、贴、撕、折、拼接等方法来塑造不同形态的立体形象，使用不同的形象化的艺术方式表达自己对世界的认知，表达自己的想法，展现自己的想象力。在创作过程中，幼儿能够获得形状、色彩、布局等方面的经验和审美感受，还能将自己的已有经验进行整合和融合。

种类多样的低结构美工材料

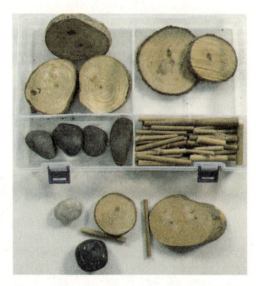

源于自然的美工区材料

　　除了上述常见的材料，教师还为这一充满惊喜的区域增添了中国韵味。空白的油纸伞、团扇、折扇、纸盘、绣棚、绣线、毛笔、国画颜料等，能够帮助幼儿创作出充满中国风的艺术作品。幼儿对中国传统美术作品的理解和感受，通过浓淡相宜的墨、富有韵味的色彩、若隐若现的线条、鲜艳丰富的绣线，在油纸伞面上、在扇面上、在手绢上，以不同的姿态呈现。而中国风

的美，在这些表达的过程中进一步整合、内化成幼儿对美、对中国传统文化独特的感受和理解。

幼儿刺绣材料

（三）人文区

作为历史源远流长，文化底蕴深厚的中华民族，我们优秀的中华传统文明是历史长河中耀眼璀璨的明珠。中华优秀传统文化，历经五千余年生生不息、代代相传，依旧傲然屹立于世界。中华优秀传统文化不仅是民族的，更是世界的，传承优秀的中华传统文化是每一代中国人、每一个中国人的任务和历史使命。作为祖国未来的栋梁，幼儿是优秀中华传统文化的未来重要的传承者和发扬者。虽然文化对幼儿来说是抽象的、难以理解的，但好在中华优秀传统文化有许多不同的载体，善于思考的教师，通过不同的材料和教具，将中华优秀传统文化变得具体、可操作，让幼儿能够在日常的区域活动中，潜移默化地吸收中华优秀传统文化。

作为中华文化的重要载体，汉字是中华民族独一无二的瑰宝。从最初的图形，逐渐演变成今天的文字，汉字的演变过程奇妙有趣。教师将汉字的演变制作成操作纸，幼儿在使用操作纸时，看着具体事物变成图形再变成象形文字，最后由自己亲手写出该事物代表的汉字，既让幼儿直接感知了汉字的演变过程，也让幼儿有种参与感，仿佛自己也参与到了汉字的演变过程中，增强幼儿民族文化的归属感和自豪感。《千字文》《三字经》等是中华民族流传下来的启蒙经典，既琅琅上口、有故事性，又蕴含着丰富的道理。图文并茂的《千字文》小书，以图片为主的《三字经》三部卡，让幼儿像阅读绘本一般，欣赏、理解经典古著。

男耕女织、日出而作、日落而息是中国传统农业社会的生活写照。虽然农业社会已经离我们远去，但古人为了促进生产，制造的许多富含智慧的、巧妙的农耕工具依然让我们赞叹不已。用小木板、小轮轴和绳子组合成的简易水车模型，既能让幼儿动手操作，直接感知水车是如何运转的，也能够让幼儿观察到水车各部件间是如何组合起来的，积累工具制作的经验。二十四节气也是古人为了农业生产，探索自然规律而产生的智慧结晶，它将天文、农事、物候和民俗巧妙地结合在一起，并衍生出大量与之相关的节气文化，是中华民族传统文化的重要组成部分。丰富的图片配以简单的文字，二十四节气小书让幼儿较全面地认识、了解各个节气。教师根据各节气不同习俗活动投放的材料，如在春分、立夏、秋分节气投放鸡蛋，让幼儿能够体验竖蛋、斗蛋的节气习俗。

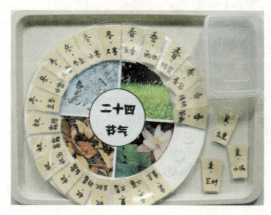

认识二十四节气

（四）建构区

建构游戏是幼儿利用各种不同的结构玩具或结构材料，通过与结构活动有关的各种动作构造物体形象，反映现实活动的一种游戏。建构游戏是一种创造性游戏，在游戏过程中，幼儿能够获得相关知识、技能，也能够促进生理发展和社会性的发展。

基于建构游戏的特点，建构区中的材料须是可供幼儿实际摆弄的意向性材料和有一定操作性的废旧材料。形状、大小各异的积木、水管玩具等建构玩具以及纸箱、瓶子、纸杯等废旧物品和半成品的低结构材料，是这个区域的主角。

充满着不确定性的、没有范例的材料给幼儿发挥想象力、尽情随心创作提供了巨大的空间。纸箱、纸杯等废旧物品，能够让幼儿随心所欲搭建较大型的建筑和物体；而积木等建构玩具，能够帮助补充、描绘搭建物的细节。幼儿在使用拼插、组合等方式进行搭建的同时，能够在实际操作中，理解和感受不同形状、构造的物体之间的异同，也能够因搭建过程中的挫败和困难而产生深入的思考，如怎么搭才能让桥梁更牢固、承重力更强，怎么拼搭才能让房子又高又稳等。尽情地创造、深入地思考、积极地动手、丰富的社会性交往，都在这些材料的支持下在建构区中发生着。

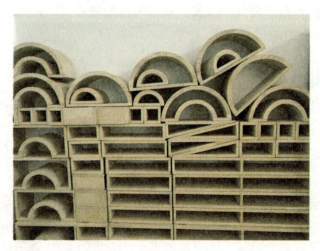

建构材料

（五）数学区

幼儿的思维特点以具体形象思维为主，而数学知识一般偏抽象，幼儿较难理解和掌握。教师考虑幼儿的年龄特点和发展情况，有针对性地投放材料，将抽象、复杂的数学概念、知识具象化，让幼儿能够通过实际操作感知、建构自己的数学世界。

小班教师通过投放几何图形嵌板、几何体嵌板、数字与筹码、砂数字板等幼儿能够直接感知、实际操作的材料，让幼儿能够在操作中，通过看、摸、比较等多种方式获取数学知识。如幼儿通过观察、触摸、配对几何图形嵌板及几何体嵌板，能够对不同的几何图形、几何体的特征建立直接经验；通过触摸砂数字板，幼儿能够直接感受、学习对数字符号的认知。

而在中大班，教师会投放难度更高一些的材料，如金色珠子、银行游戏、邮票游戏、数字赛车等材料。幼儿结合已有数学经验和相应的操作材料，便能够将知识与实际相结合，将已有经验在不同的情境中再现，进行整合和深化。

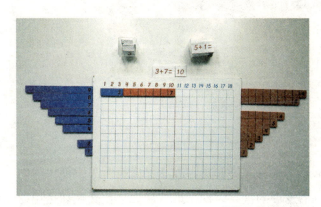

数学区材料

（六）感觉区

完整的感觉对幼儿而言，是一种来自生理和文化的需求，是一种幸福的生命状态。蒙台梭利、杜威等教育家都认为幼儿正处在各种感觉的敏感期，教育要不失时机地让幼儿接受多方面的刺激，使感官得到最充分地发展，获得完整的感觉经验。

幼儿的感觉经验分为触觉、视觉、听觉、嗅觉、味觉。针对不同的感觉经验，教师投放了不同的材料。如触觉板，可以给予幼儿粗糙—光滑的触觉经验；多彩的圆柱体阶梯，同色不同大小、不同高度的圆柱体，粗细、高矮不同的插座圆柱体等，既能给予幼儿色彩、形状方面的视觉经验，也能够给予幼儿粗细、轻重等触觉经验；听觉筒能够让幼儿获取不同的听觉经验；味觉瓶能够让幼儿感受不同食物的不同味道，也能够让幼儿感受同种食物在不同情况下产生的味道的细微差别。

丰富多样、富有操作性的感觉材料，让幼儿能够在愉悦中获得多种有益

精·材料

的感觉经验，也能够发挥自己的想象力和创造力，通过创造性地使用操作材料、延长工作周期，来获得更深入、多样的感觉经验。

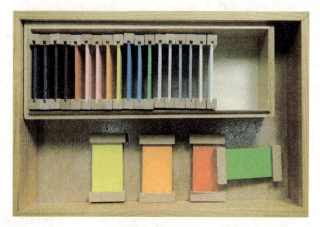

感官区材料色板

（七）语言区

语言是交流和思维的工具。《3~6岁儿童学习与发展指南》中提出，幼儿期是语言发展，特别是口语发展的重要时期。语言能力是在交流和运用中发展的，而运用的前提是有足够的语言经验积累。

小班幼儿的语言能力较弱，为了丰富幼儿的语言经验，教师在语言区投放了大量的绘本，幼儿在自主观看时能够感受画面与文字的关系，在倾听教师讲述绘本、故事时，能够进行词汇、句子的积累。幼儿到了中班，教师在绘本的基础上投放了不同的连环画、挂图、指偶等，满足语言能力发展较好的幼儿自主创编、讲述故事、自主阅读的需要。大班幼儿除了阅读需要，还有书写的需要。教师投放水写字帖、毛笔、宣纸、墨水等书写材料，满足幼儿用书写表达自己的愿望和需要。

（八）班级特色区域

除了常规区域，班级教师根据班级幼儿的兴趣创设出了班级特色区域，区域中投放的材料也各不相同。

小班的班级特色区域以娃娃家和表演区为主。教师在娃娃家中投放塑料蔬果、食物、厨房用具、小沙发、小桌子、小床、婴儿娃娃、梳妆台等材料，创设出温馨、可爱的娃娃家，幼儿在其中可以感受到家的温暖，也能够与同伴一起进行角色扮演游戏。在表演区中，教师投放民族特色衣物、不同职业人物衣物、多种乐器、饰品等，让幼儿能够根据自己的想法装扮并表演。

班级特色小厨房

中班的特色区域就丰富许多，有品茶区、品鲜阁（交易区）等，教师根据区域需要在区域中投放茶具、茶叶、多种商品、仿真货币等供幼儿开展活动。在品茶区内，幼儿可邀请自己的好朋友一同品茶，先是共同合作清洗茶具、冲泡茶叶，耐心等待一会儿后，便可坐下来，或安静品味或在茶香缭绕中谈天说地，都别有一番滋味。在品鲜阁内，有茶叶、果汁、咖啡，还有各式各样的小吃，幼儿可以自行商量，决定扮演的角色，再使用仿真货币，在品鲜阁内进行买卖。生活中的经验就这样自然而然地迁移到了游戏中，而幼儿学习到的加减算法，也自然而然地在游戏中得到运用，与生活相连。

特色茶艺区

大班的特色区域以棋艺区为主，教师将经典的围棋、象棋投放至区域中。围棋、象棋的基本规则简单，大班幼儿能较好地理解，但是想要获得胜利，就需要开展头脑风暴。一进一退，一落一起，每一步的变动要深思熟虑，不仅要看到眼前的局面，还要预想接下来的局面，手中的棋子一旦落下，便没有重来的机会。幼儿在与同伴谈笑对弈的过程中，理解了规则，积极开动脑筋，与同伴在竞争中交往，也感受到了我国传统棋类游戏的独特魅力。

特色棋艺区

区域材料对幼儿发展有着重要的意义，幼儿在与材料的不断互动中，唤醒已有经验，获取新的经验，再通过经验的整合来建构自己的世界。如何在不同的区域投放丰富的、符合幼儿年龄特点并能促进幼儿发展的材料是一门大学问。教师应保持学习，不断更新自己的专业知识和教育理念，真正做到以儿童为本，珍视游戏和生活的独特价值，重视区域材料的投放和区域的建构，最大限度地支持和满足幼儿通过直接感知、实际操作和亲身体验获取不同经验，发展自身的需要。

仪·同乐

朱娟梅

中国有着五千年的灿烂文明，是一个以"礼仪之邦"著称的文明古国。"礼"是中华民族共同的文化标志，古有《论语·季氏》曰："不学礼，无以立。"学礼习仪，应该从娃娃抓起，从孩童抓起。对幼儿从小进行良好的品德和文明习惯养成教育，是保证他们健康发展、可持续发展和终身发展的基础。这是中华民族素质提高的奠基工程。

一、仪表篇

古人云：容者，为己悦。我园注重与幼儿相接触的每个人的仪表、仪态、仪容，坚持从细微处入手，透过环境的浸润，去影响和感染幼儿。成人就像一面镜子，一举一动都是幼儿学习和模仿的对象。在日常生活中，我们倡导每位同乐人（教职员工和家长）保持平和、从容的心态，优雅、自信的举止，端庄、得体的着装，整洁、自然的妆容，让幼儿在情绪平和、宽松、温暖、有爱的氛围中学习、游戏、生活。每逢元宵、端午、中秋、春节等中国传统佳节，教师还会穿上富有中国风的旗袍或汉服，幼儿也会结合相应的节气穿上具有中国传统风格的服饰，营造浓郁的节日氛围，通过满满的仪式感让幼儿感受我国的传统文化。

衣着得体，以礼待人

二、礼仪篇

宋·林同曰："幼也知孝让，居然合礼仪。"我园坚持在日常活动中行各种礼仪、礼节，把礼仪教育通过自然渗透融合到幼儿的一日生活的各个环节。小班幼儿刚步入幼儿园的大门第一天开始，教师就对幼儿进行各种礼仪示范，让幼儿耳濡目染，在心中播下文明礼仪的种子。

1. 鞠躬礼

我们倡导教师、家长、幼儿每天入园、离园时相互行鞠躬礼、问好。

行鞠躬礼时，上身前倾，双手自然下垂放在两侧，也可两手交叉相握放在体前，面带微笑，目光下垂，附带问候语，如"您好""早上好""再见"等。每天清晨，幼儿来到幼儿园，见到保安叔叔、医生阿姨、教师妈妈，都能甜甜地问上一声"早上好"，并行一个标准的鞠躬礼。这些优秀的礼仪习惯并不是一天养成的，同乐幼儿从三岁入园的第一天起，从园长到教师，从医生到门卫，都坚持言传身教，对家长和幼儿行鞠躬礼。慢慢地，幼儿与家长也开始对教师行鞠躬礼问好，一切都是这么自然、和谐，水到渠成。

礼仪小天使

2. 进餐礼

古人有云：食不言。进餐是幼儿园一日生活的重要组成部分，幼儿在进餐时的礼仪也是至关重要的。进餐前，我们会用琅琅上口的儿歌，激发幼儿的兴趣，养成细致正确的洗手习惯，同时播放轻松舒缓的音乐，听听每天一次的"同乐小主播"的广播，消除对进餐紧张和抵触的心理。在进餐时，我们要求幼儿饮食均衡，不挑食；不敲打碗筷，不大声说话，不打不闹。进餐后，幼儿要懂得把剩下的饭菜放在指定的位置，收拾桌面和地面，养成用清水漱口，用毛巾擦嘴的好习惯。这些看似简单的行为，却是培养幼儿餐桌礼仪最基本的环节。我们坚信好的习惯，日复一日的坚持，总能让幼儿习得终身受益的良好习惯。

仪·同乐

进餐礼仪

3. 就寝礼

"寝不语"是我国自古以来的就寝礼仪。在幼儿园里，幼儿在午睡之前，会做好就寝的准备工作，并遵守就寝的礼仪规则。例如：准备就寝前，幼儿会先如厕，取下头上和身上的小物件，更换睡衣，把衣服折叠好放在固定的位置。入睡时，教师要求幼儿不聊天说话干扰他人，尽量保持良好的睡姿入眠。教师也会结合幼儿的年龄特点给幼儿播放睡前故事或轻音乐，帮助幼儿尽快入眠。午睡起床后，教师与幼儿相互问好；幼儿之间大带小、强带弱，相互帮助，收拾与整理床铺和就寝环境。

4. 茶道礼

茶道是品赏茶的美感之道。它通过沏茶、闻茶、赏茶、饮茶，增进友谊，美心修德，学习礼法，领略传统美德，是很有益的仪式。

茶 礼

茶道起源于中国。在世界上中国首先将茶饮作为修身养性之道，唐朝《封氏闻见记》中就有这样的记载："茶道大行，王公朝士无不饮者。"唐代刘贞亮在《饮茶十德》中也提到："以茶可行道，以茶可雅志。"结合我园以中国传统文化为特色课程的理念，教师也把茶道纳入了我园传统文化课程之一。我们不仅巧妙地利用班级的空间环境，为幼儿创造了一个"茶文化"的氛围，还在蒙氏日常生活教育中，手把手地教幼儿如何辨别茶叶的品种，认识不同类型的茶具，赏茶色，闻茶香，品茶汤。在学习茶道过程中，幼儿不仅学会了如何冲泡一壶好茶，还懂得了与朋友真诚、和善的相处之道，了解了热情、周到的待客之礼。

5. 棋艺礼

"棋虽小道，品德最尊。"下棋是一项高雅的艺术，既可以休闲娱乐、锻炼思维，还能陶冶情操、修身养性。在古代，人们把棋与琴、书、画并提，认为它们是修身养性的四君子。围棋，这项国粹当然也是我园的传统文化课程活动的重要组成部分。每周五上午，围棋专职教师对大班幼儿进行普及教育活动。在活动中，幼儿不但懂得了下棋的技巧，同时还锻炼了思维，磨炼了意志。

棋 礼

《棋经》曰："胜不言，败不语。振谦让之风者，君子也；起忿怒之色者，小人也。"幼儿在课前餐后的自由时间里"博弈对阵"一番，不论输赢，竟也不恼不怒，不愠不羞，颇有大将之风。

"随风潜入夜，润物细无声。"同乐稚子就是在这些看似无心，却是有意的环境中，一点儿一点儿地把我国优良的行为礼仪根植于心，外化于行，举手投足之间彰显着文明之风、礼仪之范。

三、仪式篇

生活需要仪式感。每逢我国的传统佳节，我园结合传统文化课程，开展了许多有意义的活动。

1. 新年庙会

新年庙会上欣赏传统文化

"过大年，逛庙会"是我们中华民族的传统习俗，每逢元旦佳节，我园都会举办大型、隆重的亲子逛庙会活动。幼儿和家长穿着我国传统的喜庆服饰，教师也会装扮成古代民间百姓，组织各种各样的民间传统游戏。幼儿行走在古代气息浓郁的庙会圩市上，尝一尝民间小吃：汤圆、糖人、茶果、糖葫芦等；看一看民间艺人表演的传统节目：川剧变脸、皮影戏、舞狮、武术等；亲手做一做传统工艺：捏泥人、剪灯笼、画团扇、染花布等；玩一玩长辈们小时候的民间游戏：抬花轿、踩高跷、滚铁环、跳竹竿等。幼儿在浓厚的节日游戏氛围中感受我国传统文化的博大精深和节日的喜悦。

开开心心逛庙会

2. 朱砂启智

　　适逢金秋九月，同乐校园都会迎来一批稚嫩的小班萌娃。在新小班的第一次开学典礼上，我们有个庄严的开学仪式——开笔礼。在这个仪式里，教师手持蘸有朱砂的毛笔，在幼儿的眉心处点上一颗红痣。"痣"与"智"谐音，寓意着幼儿从此开启智慧，目明心亮。简短而又隆重的开笔礼，给了幼儿满满的仪式感，知道自己从此以后就是一名"学子"，让幼儿心里从此多了一盏照亮心灵的"明灯"。

仪·同乐

朱砂启智，目明心亮

3. 升旗仪式

每周一的清晨，当雄壮的国歌奏起第一个悦耳的音符，鲜红的五星红旗像一团炽热的火焰迎着朝阳，沐浴晨曦，冉冉升起，我园全体教师和幼儿身穿整齐的园服，在幼儿园的操场上举行庄严又隆重的升旗仪式："小旗手、小鼓手出列；出旗，奏进行曲；升国旗，唱国歌，全体行注目礼；国旗下宣誓……"我们不仅制定了升旗仪式流程，还对全体教师、幼儿的行为规范提出了要求，不仅让幼儿了解升旗仪式的庄严和重要性，也知道了升旗时要停止一切活动并肃立，向国旗行注目礼。

俗话说："滴水看世界。"小小旗鼓手就好比是一滴水，可以从中看出幼儿园，甚至整个国家的气质和现状，他们是幼儿园和国家形象的最佳代言人。所以从升旗仪式的主持人到旗手、鼓手，全部由幼儿承担。经过教师的精心指导，旗手、鼓手精神抖擞，气宇轩昂，为自己是一名同乐的旗鼓手而感到无比的自豪。看似一次简单的升旗仪式，却蕴含着深厚的爱国主义教育意义，有许多爱国教育契机。

仪·同乐

仪仗队交接，使命传递

荀子云："不学礼无以立，人无礼则不生，事无礼则不成，国无礼则不宁。"每一位同乐人深知，继承和弘扬中华民族的传统美德，对幼儿进行文明礼仪教育，把幼儿培养成一个文明有礼的现代人，不仅是同乐的课程核心，也是每一位同乐人的责任与目标。

播撒爱国的种子

仪·同乐

齐·规范

石利萍

茅檐长扫净无苔，花木成畦手自栽。

——王安石《书湖阴先生壁》

幼儿园规范化管理是指幼儿园的管理人员遵循教育方针和保教工作规律，用科学的工作方式和管理手段，将人、财、物、时间、信息等各种要素合理组织、协调起来，调动各部门的积极性，有效地实现国家所规定的培养目标，完成幼儿园进行的各种职能活动。

推行6S管理是幼儿园实施标准化、规范化、精细化管理的一个重要方法。6S管理是一种现场管理方法，能帮助环境空间实现整洁和干净的常态化，所有物品摆放、收纳有规有序，使环境中原本杂乱摆放的物品一目了然，久而久之使环境中的成人和幼儿都自觉养成规则意识及良好的收纳习惯。整洁有序的空间不仅赏心悦目，更重要的是能够发挥育人功能。幼儿在有序的空间中情绪更稳定，注意力更易集中，更易养成规则意识，其收整物品的习惯和能力也能得到培养。

我园开园近三年来，一直使用6S来管理幼儿园工作，按照"整理、整顿、清扫、清洁、素养、安全"的要求建立各种规章制度，通过规范现场及物品，营造一目了然的工作环境，培养教职工良好的工作习惯。三年来我园的6S管理取得了很好的成效，得到了很多同行的赞赏。

一、6S管理在我园班级环境中的应用

1. 规范消毒制度

班级的毛巾、拖把、物品等都有清楚的标识，注明了室内、室外的拖把和扫把，不同颜色的抹布擦拭不同的区域。在卫生间粘贴有关消毒水的配置比例和使用方法，根据消毒对象，用不同的消毒工具放入相应浓度的消毒片，配置不同容量的水，并注明消毒时间和消毒后用清水擦拭的次数，方便班级卫生工作的组织和开展。

2. 班级物品分类摆放

为了规范班级物品的摆放，我们将班级的柜子分为教具柜、生活用品柜、消毒用品柜，按照方便取放的原则，在柜子里面贴上相应的标识。标识上注明柜子里面每一层的物品摆放的名称，方便班级人员的使用，班级如有人员请假时，来顶班的人员也能很快地取放所需的物品。

清洁物品依标签摆放整齐

3. 个人物品取放有序

根据幼儿的年龄特点，教师给书包柜和鞋架贴上相应的标识。比如小班的书包柜、鞋架贴上幼儿照片，方便新入园的幼儿辨认自己的物品；中大班幼儿在认识自己的名字后，贴上名字来进行辨认物品。

幼儿物品——对应

4.七步洗手法，远离传染病

洗手间贴上七步洗手法的步骤，让幼儿洗手时能更加认真，把小手洗得更干净，同时在幼儿洗手的位置贴上小脚印，让幼儿洗手时能有序地进行，避免拥挤。

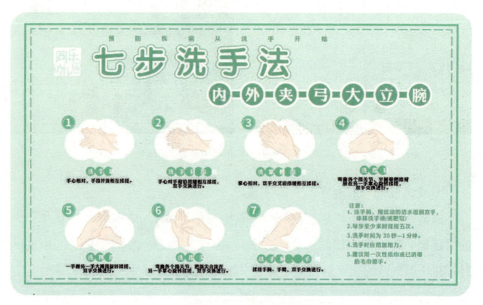

七步洗手法，远离传染病

二、6S在膳食管理中的应用

1. 健全的制度，规范的管理

厨房建立健全的制度，制定各区域的岗位责任制、采购和验收的流程等，并把这些制度和流程喷绘上墙，方便厨房工作人员学习和操作。

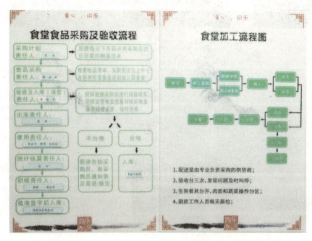

厨房规范指引

2. 功能区域指引明确

在厨房的各个区域贴上标识，如预进间、面点间、粗加工间、仓库等，清洗池中贴上一泡、二冲、三清洗的标识，指引厨房人员要按照这样的流程对青菜进行清洗；给冰柜贴上生食柜和熟食柜的标识，将生熟食分开放置在不同的冰柜里，避免食品交叉感染。

齐·规范

厨房功能区域指引

3. 仓库食品分类摆放、定期检查

（1）食品分类、分架、隔墙隔地存放，各类食品有明显标志。我园按照上级要求，把教师和幼儿的食材严格分开，调味料、大米、食用油等采购到位后贴上保质期，方便厨房人员定期检查，及时发现过期的食品并进行处理。

（2）建立仓库进出库专人验收登记制度，做到勤进勤出，先进先出，定期清仓检查，防止食品过期、变质、霉变、生虫等，及时清理不符合食品安全要求的食品。

（3）留样工作不马虎。每天食堂为师生提供的每样食品，由专人负责留样。留样责任人每天做好48小时食品留样工作，并做好每餐每样留样食品的记录；保健医生每天检查留样食品，发现未按要求留样的，将对责任人进行失职处罚。

三、6S在户外器械管理中的应用

1.固定器械摆放位置

楼梯口规划出各种器械的摆放位置，将球类、绳子类、三轮车等放在固定的位置，并在墙上贴好标识，方便教师和幼儿取放。

2.标识注明数量和规格，方便使用

制定户外器械的总表，标明每种器械的规格和数量，并在每种器械框贴上标识，让使用者一目了然，方便整理和收纳。进行户外活动的班级在活动前就可以根据器械的数量来安排户外活动，从而保障活动的顺利开展。

珠海市香洲区同乐幼儿园 户外体育玩具统计表				
六色软飞碟		材质：泡棉 尺寸：21cm 其他：6只/套	套	16
6色软质标志桶 30cm		材质：塑料 尺寸：30cm高 其他：6只/套	套	13
陀螺		材质：木质	套	61
跳跳袋		材质：涤纶布（PP） PA涂层 尺寸：宽33 高76cm 其他：6只/套	套	11
长跳绳		材质：棉+橡胶 尺寸：8m	套	12
羊角球		材质：塑料	个	17
阳光隧道		材质：牛津布 尺寸：长3m,直径60cm	个	12
篮球		材质：塑料	个	65
毽子		材质：鹅毛，橡胶底 尺寸：15cm	个	60

体育器械物品规范统计

齐·规范

四、6S在安全工作中的应用

《幼儿园教育指导纲要（试行）》中明确指出："幼儿园必须把保护幼儿的生命和促进幼儿的健康放在工作的首位。"幼儿园的安全工作是工作中的"重中之重"，是其他工作的基础和保障。在6S管理中，安全的主要内容围绕现场展开，包括安全检查、现场安全可视化、现场安全活动。我园非常重视安全工作，将安全工作放在首位，并通过多种形式进行开展。

1. 常规的安全检查工作

安全检查是幼儿园的例行常规工作，需要有专人专项负责，才能保证全园工作的开展。我园各班级、办公室、功能室都有专门的安全检查表，每天班级、办公室人员都对班级和办公室的物品进行自查，有问题的及时登记在专门的检查表上；水电工作安全员每天定时进行现场检查，及时对问题进行整改，从而及时消除安全隐患。

2. 制作美观、清晰的安全标识

在现场安全可视化中，我园制作了安全标识，并结合幼儿园的特色，让美术老师进行设计，把安全疏散图和消防标识图都配上具有古典花纹的边框，让安全标识既清晰又美观，更契合我园以传统文化为特色的办园理念。

（1）消防工作从标识做起。

为了预防火灾，在物品起火时更快地扑灭火苗，减少事故造成的灾害，我们在消防栓、灭火器上贴上使用方法。比如灭火器的使用方法：①火灾时先用一只手提起灭火器，另一只手托住瓶底；②取掉铅封拉出保险销；③将喷嘴对准火焰根部；④按下把手进行喷射，把火扑灭。清晰的

消防指引，防火先行

操作流程，防止使用者在紧急情况下忘记了使用方法而造成重大事故。

（2）疏散图指引线路明了。

全园每个班级、功能室、办公室、楼梯口都有清晰的消防疏散图，在紧急情况下，按照清晰的指引，能够快速地疏散到安全的地方。在每学期进行

的消防演习、防震演习和防暴演习中，我园按疏散程序、线路、要求等，进行安全疏散，提高全体师生的自救防范能力和抗击突发事件的应变能力。

（3）安全指引标识随处见。

为了避免安全事故的发生，我们在相应的地方贴上相应的标识。比如楼梯用可爱的脚印标识结合"上下楼梯靠右走"的标识，提醒幼儿上下楼的注意事项；走廊栏杆旁边贴上禁止攀爬的标识，让幼儿不能随便攀爬；下雨天在明显的地方摆放"小心地滑"的标识……

安全指引标识随处见

3. 健全的安保系统

（1）安保室张贴相关的门卫制度、重点时间段领导值班制度和控烟制度，让安保人员能够更快熟悉日常制度，并按照规章制度来执行。

（2）制作保安需要记录的各类检查表，及时登记维修、安全防患、监控设备、接送卡缺卡等情况，并使用统一的文件夹，贴上标签，方便值班的安保人员填写和上级相关部门的检查。

（3）防暴器械柜贴上有关防暴器械的标识，对器械柜里保安的服装、各种防暴器

安保器械一应俱全

械，如橡胶警棍、防暴头盔、伸缩钢叉、辣椒水、防护盾牌等都进行了摆放指引，方便保安在紧急情况下能快速地取来使用。

4. 节约用电，人人有责

所有教室、办公室、功能室的电源开关都贴上标识，如班级的开关上都贴着节约用电的标识，并对顶灯、厕所灯、走廊灯进行标识，班级的移动消

齐·规范

毒灯使用后统一放在厕所的消杀间，阁楼睡室的消毒灯装在隐蔽的地方，起到节约用电和安全的作用。

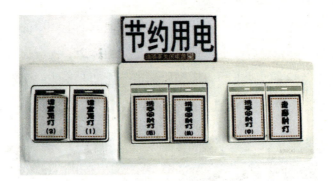

用电指引清晰明了

5. 药品分类摆放，用药更安全

医务室的柜子分别标上物品柜、药单柜、医疗用品的储藏柜、药品柜、防疫物资柜等标识；药品如药膏、消毒药水、退烧贴等用贴有标识的专用药箱装起来，让用药更为安全。

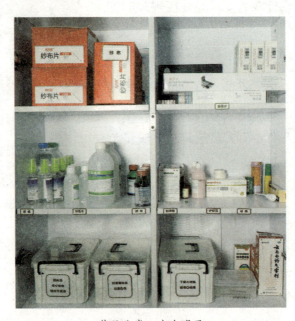

药品分类，安全明了

五、6S在档案工作中的应用

　　幼儿园上级检查工作种类多、数量大，每年的安全检查、年检、督评工作等都需要准备大量的资料。在每次的检查工作中，我们首先针对文件进行解读，建立目录，对检查条目中的每一项都用相应的佐证资料去证明，制作好目录后分工到人进行资料的制作、搜集，用文件夹对每一个文件资料进行整理，然后根据内容用资料盒装好，打印每个资料盒的目录，贴在资料盒里面，并在资料盒的侧面做好侧封，写清楚检查的名称和一级目录的名称，让检查者在检查的时候能很快地找到相应的文件，从而提高效率。在多次的检查中，上级部门都一致赞扬我园资料齐全、目录清晰。

档案归类明细

通过6S管理，我们逐步形成了"事事有人管，时时有人管，处处有人管，人人用心管"的规范管理，所有的人、事和物品管理都能及时督导、评价，并让督导成为坚持的基础，让考评成为坚持的动力，最终养成了良好的行为习惯。

三年来，通过6S管理在我园中的综合应用，我们越来越认识到，6S管理，它不仅仅是一种管理、一种方法、一张标签，它最终体现的是一种习惯，内化的是一种素养，更是一种态度与作风，只要我们持之以恒地做下去，一定会形成一种意识和文化，从而使幼儿园的管理更为得心应手，更加规范。